機密費外交

なぜ日中戦争は避けられなかったのか

井上寿一

講談社現代新書

2501

はじめに

ブラックボックスのなかの機密費

本書は外交機密費の史料の読解をとおして、〈なぜ日中戦争は避けられなかったのか？〉を明らかにする試みである。

機密費は今も昔も厚いベールに包まれている。今年（二〇一八〈平成三〇〉年）三月、政府ははじめて内閣官房報償費（官房機密費）の文書を開示した。官房長官の判断で支出される官房機密費は、昨年（二〇一七年）度の予算が約一二億三〇〇〇万円で、内外の情報収集を目的としているとされる。使途の公表や領収書の提出義務はない。

実際のところ今回の文書開示によって、支出の九割は「政策推進費」であることがわかった。しかし支払先が明らかにされることはなかった。領収書がなく支払先も特定されないとなれば、憶測を呼ぶ。官房長官の「闇ガネ」になっているのではないかとの批判や官房機密費の廃止、あるいは領収書を徴収すべきとの意見もある。官房機密費の実態はわからないままである。

昨年（二〇一七年）は自衛隊のPKO日報問題・「森友学園」問題・「加計学園」問題などが政治問題化した。公文書管理に社会の注目が集まった。このような状況を背景に、公文書管理をめぐる改革の議論が進展している。ところが機密費はブラックボックスのなかに入ったままである。

戦前は記録されていた機密費文書

今でもわからないのだから、昔はもっとわからなかっただろう。この難問の解明に取り組んだ先駆的な事例が松本清張《まつもとせいちょう》「陸軍機密費問題」（初出は一九六四〈昭和三九〉年）である。田中《たなか》（義一《ぎいち》）陸軍大将は、三〇〇万円を持参金として、立憲政友会の総裁の地位を手に入れる。一九二七（昭和二）年に首相の座に就く。この三〇〇万円の出所が問題だった。陸軍機密費から出ているのではないか。松本清張の探索がはじまる。結論からさきに述べると、三〇〇万円の出所は陸軍機密費ではなく、シベリア出兵（対ロシア革命干渉戦争）費の使い残しだった。松本清張はそう推理している。

探索の途中でわかったことがある。陸軍機密費は陸相が交代するたびに、次官立ち会いの下で現金や公債額を帳簿と引き合わせて引き継ぐことになっていた。これでは田中大将といえども三〇〇万円をくすねることはできなかった。陸軍機密費はつかみ金ではなく、部外秘ではあっても記録があったようである。

戦前の機密費の研究は、伊藤博文《いとうひろぶみ》の内閣機密費による情報戦略や第二次西園寺《さいおんじ》（公望《きんもち》）内閣（一九一一〜一二年）の機密費史料、大正一二〜一五（一九二三〜二六）年の陸軍機密費史料などの事例研究があるに止まる。

これらの研究から断片的にわかるように、整った書式に領収書が貼付されている場合であれ、金額・日付・受領者の名前が備忘録のように記されている場合であれ、機密費の支出は記録されていた。戦前の日本においても機密費の総額は公表されていた。近代国家が備えるべき会計制度は備えていた。会計検査院の検査が不要であっても、当事者は記録を残していた。

戦後になって七〇年以上を経ても、官房機密費はブラックボックスのなかにある。戦前並みには領収書を取り、支出先も記録し、非現用文書の扱いになれば原則として公表すべきだろう。官房機密費の文書は行政文書なのだから。

それにしてもこれらの研究は、いずれも一次史料の不足から隔靴《かっか》搔痒《そうよう》の感がある。もっとも新しい研究の渡辺延志『軍事機密費』も同様の限界を免れていない。同書が主に依拠しているのは、東京裁判の際の国際検察局尋問調書である。この尋問は、自身に戦争責任が及ぶかもしれないような極限状況のなかでおこなわれた。国際検察局による旧軍人への尋問が真実を明らかにしているとは限らなかった。旧軍人の証言を別の一次史料とのクロスレファレンスによって、確認する必要がある。ここでも一次史料の不足に直面することになる。

このような一次史料の状況を改善することになったのが二〇一四〜一五年の小山俊樹監修・編集・解説『近代機密費史料集成Ｉ　外交機密費編』全六巻＋別巻（ゆまに書房）の刊行である。この史料集は外務省外交史料館所蔵の「満洲事件費関係雑纂」の写真版として、誰でも手にすることができる。この史料集の刊行前まで、外交機密費の実態は秘密のベールに包まれていた。刊行後、外交機密費ははじめて本格的な実証研究の対象となった。この史料集の公刊の社会的な意義は大きい。

それにしても機密費関係の史料は敗戦時に焼却処分されたはずである。事実、一九四五（昭和二〇）年八月一五日の降伏に先立って、政府は前日の一四日に閣議で重要機密文書の焼却を決定している。その日の午後になると陸軍省から機密文書を焼却する煙が立ち上った。降伏の当日になると霞が関の官庁街からも煙が立ち上った。重要機密文書の大半は焼却された。

ところが満州事変期の外交機密費の史料が残存していた。この史料集には在中国公館と本省とのあいだの往復電報や機密費の領収書が収録されている。部外秘の外交機密費関係

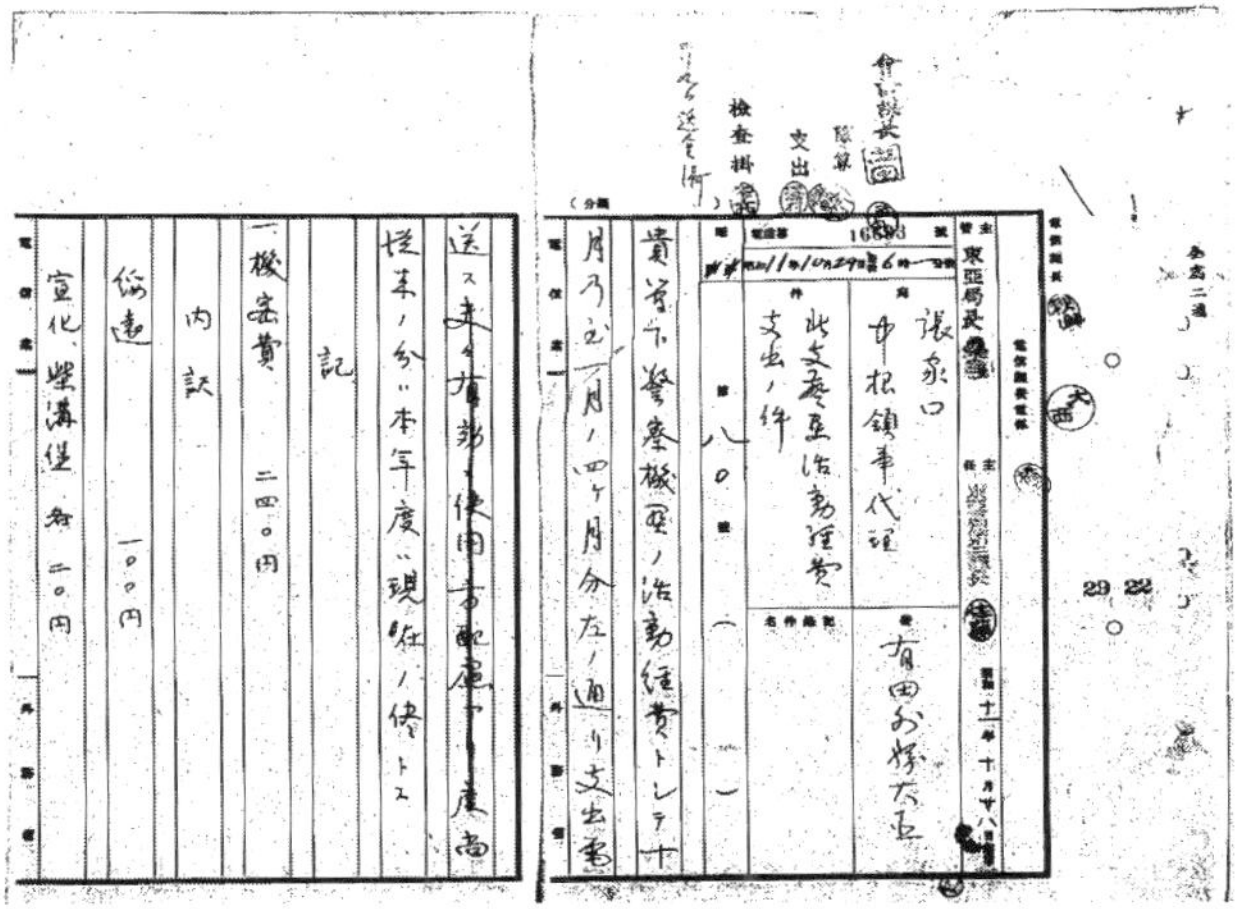

有田八郎外相宛中根直介張家口領事代理発の電報（1936年10月）。アジア歴史資料センター〈JACAR〉B14090312400

の支出であっても、支出責任者は領収書を受け取り、本省に報告する義務があった。本書はこの史料集の読解をとおして、満州事変期の機密費外交の展開を追跡する。

インテリジェンス・接待・広報

機密費外交はインテリジェンス外交、接待外交、広報外交の三つの機能がある。

第一に満州事変の拡大過程において、相手側の動向を探査するのはインテリジェンス外交だった。諜報費による内報者は、中国人だけでなく第三国人（朝鮮人、ロシア人など）もいた。蒋介石《しょうかいせき》の中国国民政府（南京政府）の内情を知るのもインテリジェンス外交である。インテリジェンス外交の重要性は、上海の公使館内に情報部の設置を促した。

第二に機密費の多くを占めたのは接待費である。対軍部外交の観点からの「官官接待」は、外務省が軍部とのあいだでコミュニケーションを円滑にすることによって、間接的に軍部をコントロールするうえで欠かせなかった。また上海事変やリットン調査団の事例からわかるように、接待外交は自国に有利な解決に誘導する効果が期待された。宴会費は遊興費ではなかった。

第三に一九三三（昭和八）年五月末の日中停戦協定の成立によって満州事変以来の対外危機が鎮静に向かうと、今度は広報外交の出番だった。現地の新聞や雑誌に対する機密費による経済的な支援をとおして、日本の広報外交は、中国国民に日本の立場をアピールしながら、日中「親善」を演出する。広報外交の背景にあったのは、第一次世界大戦後からの国際的な潮流＝外交の民主化だった。他方で広報外交は日本国内向けでもあった。現地の通信社や新聞特派員からの広報情報は日本の国内世論に影響を及ぼす。

本書が追跡するのは、以上のような三つの機能を持つ機密費外交の展開である。

なぜ日中戦争は避けられなかったのか？

この史料集が満州事変期（一九三一～三六年度）に限定されていることは、外交機密費の全体像を明らかにするうえで、大きな限界になっている。

他方で〈なぜ日中戦争は避けられなかったのか？〉と問題を設定すれば、この史料集の有用性は高まる。満州事変が起きなければ、一九三七（昭和一二）年七月からはじまる日中戦争はなく、日中戦争が起きなければ、一九四一年一二月の真珠湾攻撃もなかっただろう。満州事変が起きたとしても、日中戦争は必然だったのではない。その過程は山あり谷ありだった。

別の言い方をすれば、満州事変を与えられた条件としながらも、日中外交関係は、戦争以外の修復の可能性があった。このような問題関心から本書は、機密費外交の展開をとおして、日中戦争回避の可能性を探索する。

戦争でも平和でもない

あらかじめ満州事変期の日中関係の基本的な構図を確認しておく。

一九二七（昭和二）年四月、南京に国民政府を成立させた蔣介石は翌年一二月、中国の統一を達成する。しかし蔣介石の中国国民政府（南京政府）は、清朝中国崩壊後の軍閥割拠と内乱を経て、軍事的にも経済的にも弱かった。蔣介石は国民政府内に反蔣介石勢力を抱える一方で、中国共産党の武装革命運動に対抗しなければならなかった。残存する旧軍閥勢力のコントロールも不十分だった。国民世論のナショナリズムの感情は無視できなかった。中国の国民世論は蔣介石の政府に、不平等条約の撤廃と国権（「満蒙」の失われた権益）回復を求めるようになっていたからである。

日本では幣原喜重郎《しではらきじゅうろう》が二度目の外相を務めていた。一九三〇年のロンドン海軍軍縮条約の調印によって、日本の対欧米協調外交は頂点に達した。他方で調印後、批准に至る過程での幣原の強引な進め方は、国内の反発を招く。反ロンドン海軍軍縮条約勢力は幣原が閣僚の立憲民政党内閣の打倒をめざす。

幣原は軍部との対抗関係を抱えていた。すでに一九二七年から翌年にかけて、軍部は山東出兵をおこなっている。出兵の目的は、蔣介石の軍事的な国家統一にともなう山東地方の戦乱から在留邦人の生命・財産を保護することだった。

不平等条約改正交渉の方は、一九三〇年五月の日華関税協定の成立によって半分解決したものの、治外法権撤廃問題が残っていた。この問題の解決をめぐって中国在勤の外交官と幣原が対立する。現地の外交官は、日中二国間交渉において思いきった譲歩をすることで、問題の解決をめざした。対する幣原は対欧米協調の観点から多国間交渉の場で解決する考えだった。

相互に国内問題を抱える両国の外交は、満州事変の勃発に対して、局地的な解決を求めた。しかし満州事変は拡大する。満州国よりも一回り小さく、中国の主権を認める自治政府の成立であれば、日中外交関係の正常化は可能だっただろう。ところが実際には満州国の建国（一九三二年三月）から日本の満州国承認（同年九月）へと至る。

それでも外交関係の修復の余地は残されていた。一九三三（昭和八）年五月三一日に日中停戦協定が成立すると、日中関係は戦争ではなく、平和でもない、いわば冷戦状況が生まれた。日中関係がこの冷戦状況から戦争に向かわないようにするにはどうすればよかったか。満州国の存在の黙認と蔣介石の国民政府の対日妥協路線を前提として、「経済提携」による漸進的な関係改善を図る。その波及効果が外交関係の修復をもたらす。このような日中外交関係の修復が実現すれば、日中戦争は回避可能だった。

今年（二〇一八〈平成三〇〉年）は日中平和友好条約締結四〇周年である。しかし日中関係は「平和」と「友好」からほど遠い。戦争ではなく、平和でもないのが今日の日中関係だとすれば、満州事変期の日中関係の歴史は、ふりかえるに値する今日的な意義がある。

以上の観点から本書は、機密費外交の展開をとおして、〈なぜ日中戦争は避けられなかったのか？〉を考える。

目次

はじめに ―― 3
ブラックボックスのなかの機密費／戦前は記録されていた機密費文書／インテリジェンス・接待・広報／なぜ日中戦争は避けられなかったのか？／戦争でも平和でもない

第Ⅰ章　満州事変下の外交官 ―― 19
傍流の中国在勤外交官 ―― 満州事変前夜／三人の外交官／本省と現地の対立／特務機関の謀略／朝鮮軍の独断越境／居留民の離反 ―― 吉林／大橋の出兵要請／ハルビンからの機密費増額要求／半数が避難民に／関東軍の政治工作／機密費と緊縮財政／幣原外交への不満と批判／拡大路線と不拡大路線の綱引き／若槻内閣の総辞職

第Ⅱ章　インテリジェンスと接待――ハルビン・上海・奉天 ―― 47
民政党から政友会への政権交代／好機到来／ハルビンの国際スパイ戦／ハルビン総領事館の諜報活動／ゲリラ戦／機密費の半分が接待費 ―― ハルビン／諜報者への支払い／慰問・慰労・弔慰金／高級料亭での接待／コミンテルンへの警戒心／ハルビ

ン総領事館書記生＝杉原千畝／「親軍派」大橋のソ連分析／公使館情報部の設置――上海／「ニューズの一大中心地」／軍部の宴会批判／軍部に対する感情の融和――「宴会招待関係費」

第Ⅲ章　上海事変と松岡洋右　75

日本人襲撃事件／田中隆吉と謀略／田中の証言／不穏な情勢／「死の街」／重光対白川／松岡特使の派遣／市場としての満蒙／上海の松岡／巨額の機密費／松岡の情報収集活動／上海の最高級ホテルが「御用達」／「絶対極秘」情報の漏洩――対軍部関係／上海の国際スパイ戦／上海事変下の公使館／軍部との円滑な意思疎通のために／上海事変の戦禍／停戦協定交渉／天長節爆弾事件

第Ⅳ章　リットン調査団をめぐる接待外交　107

リットン調査団への日本の期待／宮中午餐会／上海の接待外交／リットンと重光の意見交換／認識のギャップ／顧維鈞の満州国入国問題／宴会疲れ／中国の接待攻勢／リットン調査団の再来日／外交と世論・政党／世論に覚悟を促す／満州国承認の遷延策／リットン報告書の前と後／無効になった報告書／冷ややかな米英の反応／松岡洋右の起用／松岡の満州視察旅行

第Ⅴ章　満州国の理想と現実　137

関東軍の根城＝「満洲屋」／理想と現実のギャップ／外からのクーデタとしての満州事変／事実の脚色――対ソ連インテリジェンス活動／低い信頼度――対中国インテリジェンス活動／大橋と杉原の緊密な連絡／にわか作りの満州国外交部／大橋対現地軍／日本の満州国承認／満州国国務総理の動揺／祝賀ムード／多事多難／突出する諜報費――上海／ほど遠い安定――吉林／領事館も攻撃の対象に／熱河攻略の準備

第Ⅵ章　日中外交関係の修復をめざして　163

国際連盟脱退／日中停戦協定の成立／鎮静化する排日・排日貨運動／対日妥協路線を推進する黄郛／「親日派」との信頼醸成／山田純三郎への機密費／対中国情報収集網／在郷軍人会の国旗掲揚への断固たる態度――青島／有吉公使の対中外交／汪兆銘の二大原則／二〇〇〇円の資金提供――上海における広報外交の展開／プレス・ユニオンと松本重治への機密費／雑誌『上海』への資金援助／白系ロシア人対策――ハルビン総領事館

第Ⅶ章　戦争への分岐点　191
一九三四年の日中外交関係／秘密結社・藍衣社／それぞれが抱える内部対立／天羽声明の波紋／ダメージ・コントロール外交／四つの問題／広田外相の議会演説／北満鉄道買収交渉／広田＝王寵恵会談／大使館昇格／日中親善ムード／華北分離工作／土肥原・秦徳純協定の成立／二つの三原則／華北情勢の急転

第Ⅷ章　戦争前夜　221
リース＝ロス・ミッションの派遣／ない袖はふれない財政事情／中国の幣制改革／リース＝ロスの再来日／華北分離工作をめぐるプロパガンダ戦略／諜報活動と謀略の準備／対中国政策の再検討／「防共」イデオロギーの強調／「日支反共協定」／日独防共協定の影響／西安事件／対中国政策の軌道修正／外交関係修復の限界／戦争前夜の緊張感

おわりに　249
外交機密費の特徴／日中関係の歴史的な類似点／三つの歴史的な示唆

参考文献　257

あとがき

〈凡例〉引用に際しては、読みやすさを優先させた。原則として、漢字は新字体・常用漢字に、かなづかいは現代かなづかいに、カタカナはひらがなに、それぞれ改めた。引用文中の「……」は引用者による省略であることを示す。なお引用文中に、現代では差別・偏見ととられる不適切な表現があるものの、歴史資料であることを考慮して、原文のまま引用した。

＊

当時と今の貨幣価値換算はつぎのとおりである。

一円（当時）＝約一八〇〇円（今）（この比率は、総務省統計局「戦前基準国内企業物価指数——基本分類・用途別（昭和6～平成17年）」http://www.stat.go.jp/data/chouki/22.html と同「戦前基準5大費目指数——東京都区部」http://www.stat.go.jp/data/chouki/zuhyou/22-18.xls をもとにして推計した）。

当時の中国における円とドルの換算比率はつぎのとおりである。

一円＝一・五五ドル（銀弗）（小山俊樹「満州事変期における外交機密費史料の検討——在中国日本公館の情報活動を中心に」『情報史研究』第四号、二〇一二年、五〇頁に拠る。なお中国は一九三五年に銀本位制から管理通貨制に移行している）。

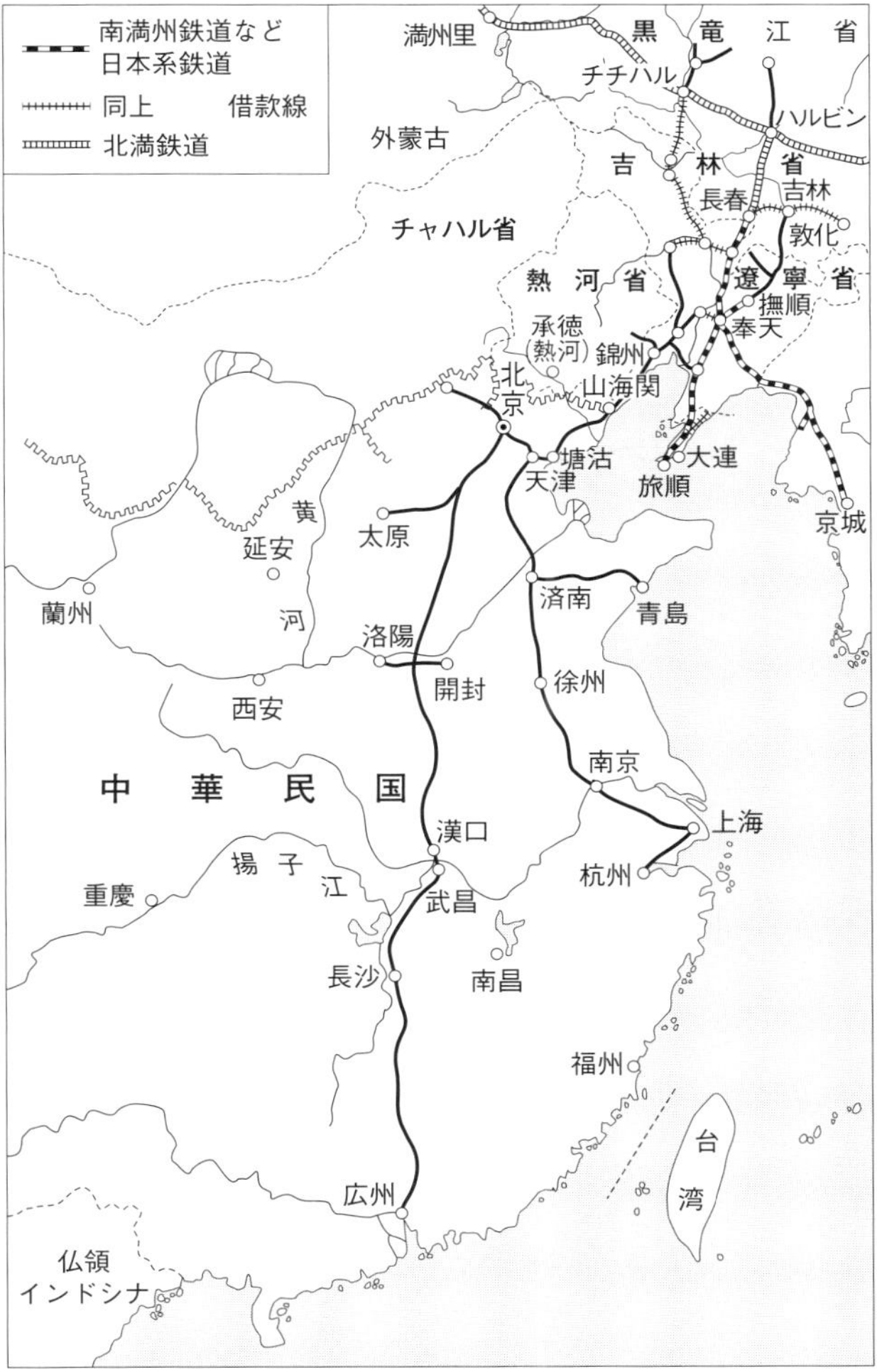

本書関連地図（満州事変期）

第Ⅰ章　満州事変下の外交官

傍流の中国在勤外交官——満州事変前夜

林《はやし》（久治郎《きゅうじろう》）奉天総領事は、満州事変前夜の現地情勢を回想して、つぎのように述べている。陸軍は中国の至るところの要地に特務機関を設置して、陸軍大学校出身の優秀な有為の青年将校を勤務させていた。対する外務省は「外交官試験登第者にて成績優秀なるものは概して欧米に走り、支那に在る者は不遇をかこつの有様であり、霞ヶ関は之に対し殆ど無関心なるやに見えた」。外交官にとって中国勤務は傍流だった。

さらに陸軍には多額の経費が支出されていた。対する外務省の方は、林によれば、「僅かに法定の給与」を受けるに止まっていた。駐在武官は本俸のほかに在勤俸、事務室借上げ料（家賃）、通信運搬費、武官用の自動車の維持費、図書・雑誌等の購入費、出張旅費、予備金などが支払われた。外交官は本俸のほかは海外在勤俸くらいのものだった。それだけではなかった。機密費を含む満州事変費の差が桁違いだった。満州事変費は外務省対陸軍＝九八三万三〇〇〇円対一億八三一三万二〇〇〇円（一九三一年度）である。陸軍は外務省の約二〇倍の満州事変費を得ていたことになる。陸軍と外務省の待遇の差は明らかだった。

外務省内で傍流の中国在勤の外交官は、限られた外交資源をもとに、一方では陸軍を抑制し、他方では本省の無関心と戦わなければならなかった。限られた外交資源のなかには外交機密費も含まれる。満州事変をめぐる彼らの悪戦苦闘がはじまる。

三人の外交官

柳条湖事件現場

満州事変の発端となった一九三一（昭和六）年九月一八日の柳条湖《りゅうじょうこ》事件（奉天駅の北方での南満州鉄道線の爆破事件）の勃発は、在満州の日本公館を緊張の渦に巻き込んだ。事件勃発後すぐに森島《もりしま》（守人《もりと》）奉天領事は奉天特務機関へ駆けつけた。「外交交渉による平和的解決の必要を力説」する森島に対して、同席していた花谷《はなや》（正《ただし》）関東軍参謀は、森島の面前で軍刀を抜き、「統帥権に容喙《ようかい》する者は容赦しない」と威嚇した。総領事館の上空を砲弾が飛び、その砲声によって館内の窓ガラスの振動は絶えることがなかった。林奉天総領事も電話で特務機関に軍事行動の中止を求めた。しかし砲声が轟くなかで昂奮する現地軍を止めることはむ

林久治郎（朝日新聞社提供）

ずかしかった。

　奉天・吉林・ハルビンの総領事は現地軍とにらみ合う。彼らは機密費をとおしてどのように対応したのか。

　その前にあらかじめ奉天・吉林・ハルビンの三人の総領事、林久治郎・石射猪太郎《いしいいたろう》・大橋忠一《おおはしちゅういち》のプロフィールにふれておくことにする。

　一八八二（明治一五）年生まれの林久治郎は、早稲田大学英語政治科卒業後、一九〇六（明治三九）年に外交官試験に合格する。同期合格者に吉田茂《よしだしげる》がいる。林が一九二八（昭和三）年に奉天総領事に任ぜられたのは、吉田の後任としてだった。林にとって奉天は六度目の中国勤務に当たる。それまで中国の五ヵ所（吉林、天津、済南、福州、漢口）に赴任した経験がある。中国事情に通じた外交官だった。

　清朝初期の都の奉天（現在の瀋陽）は、首都が北京に移ったあとも重要な政治的拠点だった。奉天は中国人の経済・商業の街としても活気があり、多くの学校もあった。当時の人口約五〇〇万人の奉天は、国際的な雰囲気があふれていた。

　日露戦争後の総領事館開設以来、「日支間の問題は総て此館内に於て処理せらる」。このように評されるほど、奉天は日本の対中国外交のもっとも重要な根拠地だった。林は全満州在勤の外交官の司令塔として働いていた。

一八八七（明治二〇）年生まれの石射猪太郎は、同時代の外交官のなかで異色の経歴を持つ。上海東亜同文書院商務科卒業後、南満州鉄道に入社しながら短期間で退職し、その後、外交官試験に合格する。東亜同文書院出身の最初の合格者だった。中国語と中国事情を学ぶ東亜同文書院は、対中国政策にかかわる民間団体の東亜同文会が設立した専門学校である。専門学校出身の外交官はきわめて例外的な存在だった。

広東や天津を経て、吉林は三度目の中国勤務に当たる。石射の回顧録に記されているように、東亜同文書院の「蛮勇に養われ」、満鉄の「下級社員として放縦《ほうじゅう》な数年を送」った石射は、他のエリート外交官とは異なる地点からキャリア形成をはじめた。

石射猪太郎（国立国会図書館蔵）

石射の吉林総領事着任は一九二九（昭和四）年である。石射によれば当時の吉林は「古風なもの淋しい町」で、「山紫水明、東三省の京都と呼ばれるのが、せめてものとりえであった」。総領事館は小規模で、守るべき日本人居留民も一〇〇〇人足らずだった。それでも石射は総領事として、職責の重大さを実感していた。

一八九三（明治二六）年生まれの大橋忠一は、東京帝国大学法科大学英法科を卒業後、外交官試験に合格する。入省後の最初の任地は奉天だった。その後一九二九（昭和四）年に北京公使館一等書記官として、革命的動乱の中国を目撃する。ハルビン総領事に任ぜられたのは、満州事変の勃発直前の一九三一（昭和六）年六月のことだった。

大橋忠一（朝日新聞社提供）

林や石射と比較すれば、大橋のキャリアはエリート外交官にふさわしかった。他方で同時代の大橋評は、エリート外交官像とずれがある。柔道四段で、外見は「鼻眼鏡の、一面精悍な野人とも見える紳士」、あるいは「霞ケ関の型破りの俊才」と評された。大橋は「霞ガ関には稀な存在」だった。

以上の三人のゆくえは満州事変の帰趨《きすう》を占うことになる。

本省と現地の対立

一方、東京の外務省本省は、柳条湖事件の翌日、守島《もりしま》（伍郎《ごろう》）亜細亜局第一課長を奉天に向かわせる。守島は在中国公使館書記官などを経て三度目の亜細亜局勤務だった。同夜、東京駅を出発した守島は、二二日午後、奉天に至る。二二日から二三日にかけて総領事館で話を聞いた守島は、「今回の事件は全く関東軍の予定の計画によって発動したもの」であることを知る。二三日の午後、守島は関東軍司令部を訪問する。本庄《ほんじょう》（繁《しげる》）司令官は、守島の見るところ、「青ざめた顔をして、意気すこぶる上らず」、「事件はこれ以上発展しないであろう」と述べた。本庄は関東軍司令官に転じてから間がなかった。現地軍の謀略に直接的な関与はしていなかった。陸軍中央の指示に従って、本庄は現地軍を抑制する立場だった。

奉天に向け出発する守島伍郎（1931年9月19日。共同通信社提供）

同夜、大連に向かう前に、総領事館で最後の打ち合わせをしたところ、林総領事が守島に伝言を託した。「軍を押えるためには、民政党と政友会の連立内閣を作って、その力で押えるべきである」。守島は林の伝言に「強い印象を受けた」。

大連からの帰路は飛行機だった。二五日に大連を発ち、京城（日本統治下のソウル）を経て福岡に着いたものの、悪天候により、そこからさきは列車で、東京に帰着したのは二六日である。すぐに外務省へ赴き、幣原に報告する。守島は林から託された連立内閣の件を伝える。幣原は言下にはねつけた。「実際的にそんなことが出来るものか」。守島は「ムッとした気持になった」。

幣原は軍部から主導権を奪い返し、不拡大方針で事態を収拾している最中だった。柳条湖事件の翌日の臨時閣議で、幣原は巻き返しに転じる。現地からの電報に基づく客観的な報告は、柳条湖事件が現地軍の謀略であることを示唆していた。南《みなみ》（次郎《じろう》）陸相は立場を失う。

それでも幣原は南を信頼する。南は陸軍の派閥のなかで、宇垣《うがき》（一成《かずしげ》）系に属していた。宇垣と幣原は関係が深かった。加藤《かとう》（高明《たかあき》）内閣（一九二四～二六年）の陸相と外相だったからである。この時、宇垣は陸軍軍縮を断行している。宇垣は幣原の協調外交を軍部の側から支えた。南はその宇垣の直系だった。他方で金谷《かなや》（範三《はんぞう》）参謀総長を「至誠」の人と称賛する幣原は、金谷との連携と南陸相の協力によって、満州事変の不拡大に自信を深めていた。

なぜ野党と連立を組む必要があるのか。幣原は反対だった。民政党の若槻《わかつき》（礼次《れいじ》郎《ろう》）内閣が単独で事態を収拾できる見通しがあったからである。

対する林は事件が関東軍の計画的な謀略であることを深刻に受け止めていた。柳条湖事件は外からのクーデタだった。満州で事を起こして、それを国内に逆輸入する。このような政党内閣への軍事的な挑戦に対して、より強い政治の指導力がなければ、手に負えなくなる。守島も現地で林と危機感を共有した。このような連立内閣構想をめぐる幣原と林・守島の意見の対立は、事変拡大の暗い予兆となる。

幣原喜重郎（国立国会図書館蔵）

東京の外務省本省と現地の在外公館とのもう一つの対立も事変拡大の暗い予兆だった。柳条湖事件が起きる前まで、中国ナショナリズム（不平等条約改正と失地回復要求）の台頭に対して、幣原の率いる本省の対応は、対英米協調路線に依拠していた。前年のロンドン海軍軍縮条約交渉によって、対英米協調を強めた幣原が重視していたのは、英米と足並みをそろえることだったからである。

対する現地の在外公館は、中国との二国間関係の調整によって、中国ナショナリズムに譲歩しつつ、「満蒙」の既得権益を確保する立場だった。現地の在外公館からすれば、高まる中国ナショナリズムに対英米協調で臨む本省の対応は、無策に等しかった。欧米列国が中国との二国間交渉によって問題の解決を図っている。なぜ日本は英米との多国間の枠組みにこだわるのか。現地の不満が蓄積されていた。

幣原の本省と現地の在外公館との対立は、すでに一つの悲劇を生んでいた。二年前の一九二九（昭和四）年一一月二九日、帰京中の佐分利《さぶり》（貞男《さだお》）駐華公使が滞在先の箱根のホテルで怪死を遂げた。腹心の部下佐分利を失った幣原の落胆は大きかった。幣原は他殺を疑った。しかし事実は自殺だった。

なぜ佐分利は自殺したのか。幣原の本省と現地の在外公館の板挟みになった結果だった。佐分利は幣原の基本方針を携えながら、駐華公使として中国に赴いた。幣原の基本方針は対英米協調による中国ナショナリズムへの対応だった。ところが現地では英米以上に思いきった対中国譲歩政策をとらなければ、「満蒙」既得権益の確保も危うくなるとの危機感が広がっていた。対英米協調か日中「提携」か、「幣原外交の最も忠実な使徒」（石射猪太郎の表現）佐分利は悩んだ末に自殺を選んだ。

特務機関の謀略

政府の不拡大方針に対して、関東軍は手をこまねいてはいなかった。九月二一日の夜、特務機関がハルビンで謀略を引き起こし、出兵の口実を作ろうとした。ハルビンは当時の基準で大都市と呼ぶにふさわしい人口約五〇万人の北満州の中心都市だった。極東のモスクワ、あるいは極東のパリと称せられた国際都市でもあり、ロシア人が多く住んでいた。

関東軍はハルビン出兵を陸軍中央に求める。しかし陸軍中央は、九月一九日の政府決定の不拡大方針を楯に認めず、二四日、ハルビン出兵をおこなわないように命令した。陸軍中央はソ連が権益を持つ北満州のハルビンに出兵することで、日ソが衝突することを恐れたからである。

陸軍中央から派遣されていた参謀本部作戦部長の建川《たてかわ》（美次《よしつぐ》）少将も、関東軍に北満進攻の不可を説いた。「この際北満に兵を出すことは相ならん」。この点で関東軍と正反対の意見を持ちながら、建川は別の点では宥和的な発言をする。「支那のほうに押すのは一向差しつかえない。いくら押してもいい。それから、政権をつくることも結構だ。だから、まず南満を解決してもらいたい」。建川からそう聞いた片倉《かたくら》（衷《ただし》）関東軍参謀は、「建川少将は対蘇関係悪化し日蘇開戦となるを虞《おそ》れたるもの」と推測するとともに、「政権樹立案にして占領若《も》しくは国家案にあらず」と日誌に記している。ここに陸軍中央は関東軍がめざす満州の占領や独立国家の樹立を否認した。

朝鮮軍の独断越境

九月二一日、状況は急変する。この日、朝鮮に常駐する日本の陸軍部隊（朝鮮軍）が独断で越境に踏み切った。関東軍は旅順・大連と満鉄沿線・付属地の守備隊に過ぎなかった。その関東軍が吉林方面に行動を開始すると、兵力の不足を訴えるようになった。関東軍からの重ねての増援の要求に対して、陸軍中央の待機命令にもかかわらず、林《はやし》（銑十郎《せんじゅうろう》）朝鮮軍司令官は、天皇の裁可を得ることなく、越境を指示した。林の指示は統帥大権の干犯だった。

翌二二日午前、閣議が開かれる。参謀本部の「機密作戦日誌」によれば、朝鮮軍の独断越境に「閣僚の全員不賛成を唱うるものなし然れども亦《また》賛成の意志を進んで表示したるものなし」。閣僚全員はすでに出動したことの事実を事実として認め、事実を認めた以上、経費の支出も認めた。

若槻は天皇に「奉天への越境出動は賛成しないが」、経費の支出は承認した旨、報告する。ついで金谷が奏上する。天皇は「この度はやむを得ざるも、今後気をつけるようにと戒められる」。ここに現状追認の既成事実が一つ作られた。

それでもこの日の閣議で幣原は釘を刺している。「縦令《たとい》現状配置に於て交渉開始に入るとするも結局は旧態に復せざるを得ざるに至るべし」。事件処理後、関東軍は満鉄沿線と付属地の守備に戻るのが筋だった。加えて朝鮮軍の独断越境は追認しても、ハルビン出兵を否認したのは、すでにみたとおりである。

ハルビン出兵を否認された翌日（二五日）、関東軍は「新政権樹立運動の促進」を決定する。北満には進攻せず、領有するのではなく、独立国家を建設するのでもなく、南満州に限定した小満州に新政権を樹立する。関東軍からすれば、目標はここまで縮小せざるをえなくなった。

居留民の離反――吉林

朝鮮軍の独断越境は、同日の関東軍の吉林出兵を支援することが直接の目的だった。吉林出兵の報に接したとき、閣僚は全員、不同意を述べた。南陸相は、吉林以外には兵力を派遣しないと言明した。関東軍に引き摺られがちになった参謀本部に対して、南の態度は堅固だった。「全兵力を附属地内に入れ」る方針に変わりはなかった。

吉林では省政府の代表が平和進駐を受け入れた。関東軍と省政府を仲介したのは石射吉林総領事だった。吉林の中国側省政府は、日本軍の進軍にともなう戦禍をおそれた。省政府は絶対無抵抗に決して、日本軍が砲火を交えず平和裡に進駐することを求めた。そうなれば吉林の市民二〇万人の安全が守られる。石射は即座に省政府からの斡旋の懇請を受け入れる。石射は日本軍宛に書簡を直筆する。書簡は省政府の誠意を強調し、平和進駐を求める内容だった。軍側も平和進駐を了承する。こうして日本人居留民約一〇〇〇人を含む吉林市民の安全は確保された。石射は「賢明な省政府の措置」を称賛した。

石射は当時をふりかえって回顧録に記す。「今日は国際協調時代だ。……日本の進むべき道は、国際協調にありと信じていた。ことに隣邦中国とは、怨恨を去って固く結ぶべきだというのが、私の信条であった」。

ところが関東軍の平和進駐後、居留民の態度が変わる。満州事変前まで総領事は居留民の生命・財産を保護する存在として、居留民社会の中心をなしていた。そこへ満州事変が起きる。日本軍が吉林に進駐する。吉林省の中国側官民は、日本軍の威力を前に、屈従する。総領事の存在は居留民にとって必要なくなる。それだけでなく居留民は、軍に接近して、総領事を非難することに利益を見出す。民心は石射から離反する。省政府から「味方」

と頼まれていた石射は苦境に陥る。軍は満州事変の不拡大方針に「立て籠った」石射を「敵視」する。石射は言う。「私は満州事変を呪い、まして軍の提灯《ちょうちん》を持つ気にはどうしてもなれなかった」。

石射からすれば同じ立場の総領事がいた。林奉天総領事である。石射は言う。「私にも増して不愉快な立場に置かれたのは、在満外務機関の元締め林奉天総領事であった。政府の方針に従って、関東軍中央部にブレーキをかけなければならなかった職責上の苦衷は、転電されて来る電信面によっても察するに余りあるものがあった」。

大橋の出兵要請

中国在勤の外交官の誰もが皆、石射や林と同じ立場とは限らなかった。大橋ハルビン総領事は、関東軍のハルビン出兵の意思と呼応するかのように、九月二一日発二二日本省着の電報で、ハルビンへの軍隊派遣の準備を要請している。

翌二三日には「此際機を逸せず至急当地に出兵方御決心相成度し」と出兵を求めている。大橋が出兵を要請する理由として、つぎのように述べていることに注目したい。「当地に於ては支那側の警戒相当厳重なるも共産系露鮮支人の多き当地の事なるを以て何時如何なる事態を発生するや計り難く……」。大橋はハルビンの省政府の統治能力に疑問を抱

大橋はこの本省着電（一〇月二一日）において、情報収集と内外の関係者を「応接」する費用として、月額三〇〇円の増額を求めている。当時の一円＝現在の約一八〇〇〇円の貨幣価値換算に基づけば、約五四万円である。

1931年のハルビン（朝日新聞社提供）

大橋は一〇月一五日の電報でも同様に月額三〇〇〇円の増額を「臨時警察諜報費」に充てたい旨、連絡している。大橋によれば、南満州における日本軍の出動にともなって、「民族、共産両派の不逞鮮人等漸次当地方に集中せんとするの傾向」にあり、査察・警戒を厳重におこなうには、少数の警察官の活動を補う「有力なる諜報網」が必要で、「相当報酬を与うるにあらざれば有力なる諜者を求め難き事情」を考慮しなければならなかった。

半数が避難民に

満州事変が起きる前の一九二〇年代のハルビンは、日本人にとって異国情緒あふれるあこがれの地だった。当時の流行作家、奥野他見男《おくのたみお》のベストセラー『ハルピン夜話』（一九二三年）はつぎの一節からはじまる。「おお何んと云う華かな気分であろう、おお何んと云う明るい晴やかな気分であろう、私は此のハルピンが嬉しゅうてならぬ。胸がピョンピョン刎《は》ねあがる、血がワクワク躍って来る。美しきかなハルピン。ハルピンは歌っている、輝いている、げに東洋の楽天地!!」。

ところが満州事変が起きると、ハルビンの風景は一変する。一一月二五日現在でハルビンの在留邦人の引揚者数一二二八人、現地避難者数六〇〇人、合計一八二八人が避難民となった。ハルビンの在留邦人約四〇〇〇人の半数近くが避難民になったことになる。大橋は避難収容所に要するさまざまな経費を「臨時救護費補助」として、本省に支出を仰ぐ以外に方法がないと報告している。

情報機密費の方に関しても幣原からの回答に接することができないなかで、大橋は一一月九日に本省着の電報で、「補助員」の雇用期間の一ヵ月延長と新規の一〇名採用許可を求めている。大橋は別の電報のなかで理由を説明している。雇用期間の延長と新規採用が認められれば、「時局以来疲労せる当館警察署員を補佐せしむると共に時局の影響を受け生活上困難に陥りつつある在留邦人を救済する結果となる」。

ハルビン日本居留民会会長は、中国軍の敗残兵や「匪賊《ひぞく》」が在留日本人を狙っていると窮状を訴えた。それだけでなく、抗日排日貨の気勢が深刻化の様相を呈していた。二十数年の歳月と四〇〇〇万円の資金を投じて築き上げた経済的地盤の放棄を余儀なくされかねなくなっていた。

他方で奉天総領事館に対しては機密費が増額されたようである。一一月一三日発の林の電報の一節に「事変後特別の御配慮に依り当館に対しては特に機密費御送付あり……」と記されているからである。この電報は注目すべきことに、ハルビン総領事館への機密費の増額に考慮を求めている。林は「露支方面の情報を蒐集する」能力に関して、ハルビン総領事館の有用性を認めていた。

幣原は一ヵ月の雇用期間延長と臨時雇の経費九〇〇円の支出を認めて送金する旨、一一月一六日に伝える。その際「領収書等整理し置かれたし」と念を押している。幣原が認めたのはここまでだった。月額三〇〇円の増額要求を認めた史料は、調べた限りでは発見できなかった。北満不進出の政府方針との関連から増額を認めなかったのかもしれない。

それでもこの年度第Ⅳ四半期のハルビン総領事館の機密費の支出額三三二五円（小数点以下四捨五入、以下同様）は突出している。対する奉天総領事館が九九〇円、吉林総領事館が三四五円だからである。満州における国際都市ハルビンは情報戦の拠点だった。

関東軍の政治工作

九月二四日のハルビン不出兵決定は、関東軍司令部内で「憤慨」と「嘆息」をもたらした。本庄司令官は「沈痛の体《てい》」だった。「政府の真意那辺に在るや、陸軍大臣は何故政府と正面衝突を敢行するの決意を以て当らざるや」。

政府決定は新聞をとおして世論に影響を及ぼす。たとえば翌日の『東京朝日新聞』は「既得の権益擁護は／政府当然の職責！／満洲に領土的野心なし」との見出しで、「この上事態を拡大せしめざることに極力努むるの方針に決し」た旨、報じるとともに、同じ紙面の別の記事で「暫時静観して／善処する／閣議、慎重の申合」と伝えている。同じ日（二五日）の『読売新聞』朝刊二面の見出しだけ拾ってみても、同様に報道されていることがわかる。「支那政府と誠意協力／建設的方策を講ぜん／我が軍事行動は条約に抵触せず／閣議で対外声明決定」、「外交的折衝で解決を図る／陸相、外相の意見一致」、これらの新聞報道から政府の基本方針が事変不拡大だったことは明らかだった。

あるいは二日後（二六日）の『大阪朝日新聞』はつぎのように報じている。「各方面の情勢に応じて已《や》むなく出動したるわが軍の一部は、漸次満鉄本線又はその附近に集中せられ、緊急な危害排除のためなされた軍事行動もここに一段落を告ぐと見るに至ったことは、節制あるわが軍の真面目を発揮したるものであって、皇軍は決して必要以上もしくは以外の行動に出ないことを堂々と中外に宣明したのである」。日本軍の出動範囲は満鉄沿線とその付属地に限定される。出動の目的も緊急事態への対応に過ぎない。その軍事行動も一段落を迎えようとしている。このように伝えている記事を読めば、誰でも事態は収束に向かっていると理解したにちがいない。この時点で新聞は強硬論を煽《あお》っていなかった。新聞の報道姿勢は政府の不拡大方針に沿っていた。

関東軍は世論の支持の調達に敏感だった。一〇月二日の「満洲事変機密政略日誌」によれば、関東軍は陸相と参謀総長に宛てて、つぎのような世論指導に関する意見具申をおこなっている。「近時政府 並《ならびに》 陸軍中央当局の言として発表せらるる所極めて不謹慎にして却て世人の誤解を招き将来の対策を誤り軍士卒の志気に影響する所甚大……」。政府と陸軍中央の不拡大方針の発表は「不謹慎」である。国民世論の誤解を招いている。これでは現地軍の士気に悪影響を及ぼす。関東軍は政府と陸軍中央を批判した。

他方で関東軍は、表立った作戦行動がとれない代わりとして、政治工作を進めようとする。その具体的な現われの一つが吉林省政府の中国国民政府からの独立宣言だった。石射総領事は九月二七日発の電報で、二六日に吉林臨時省政府の成立を伝えている。この臨時省政府が関東軍の指導による新組織であることは明らかだった。

石射の回顧録によれば、この独立宣言は関東軍参謀から「独立宣言か死か」と「拳銃を突き付けられての強要」の結果だった。石射は政府の方針と異なるとして、関東軍に政治工作の再考を求めた。しかし話は物別れに終わった。

機密費と緊縮財政

機密費は諸刃《もろは》の剣であり両面価値的だった。機密費は満州の在外公館にとって、関東軍への外交的な対抗手段を講じる際に、重要な資源になりえたはずである。ところが幣原の外務省本省は、機密費の増額に消極的だった。ハルビンからの求めに応じたのも、関東軍の不出兵を前提に、軍の代わりに警察が居留民を保護する必要があったからである。

なぜ幣原の外務省は機密費の増額に消極的だったのか。この年の末、外務次官名で在外公館宛に「満洲事件費に関する件」が伝達されている。この文書によれば、国家財政は逼《ひっ》迫《ぱく》していた。第二の予備金ですら前例がないほど足りなかった。国庫余剰金もすべて赤字補塡に充てられた。歳入の欠陥は官吏の減俸や各省の経費の節約くらいでは到底、補えなかった。満州事変費に充てる財源が枯渇している以上、機密費の増額も困難だった。東京の本省は、出したくても出せない財政の現実に、直面していた。

当時の民政党の若槻内閣は、浜口《はまぐち》（雄幸《おさち》）内閣の緊縮財政路線を継承して、昭和恐慌からの脱却を図っていた。緊縮財政と協調外交はセットになっている。浜口内閣は緊縮財政の観点からロンドン海軍軍縮条約を受け入れると同時に、協調外交を展開する。若槻内閣も同様である。満州事変の不拡大は財政的な観点からの要請でもあった。緊縮財政路線の井上《いのうえ》（準之助《じゅんのすけ》）大蔵大臣と幣原外相は強いパートナーシップで結ばれていた。他のすべての歳費が削減されているなかで、機密費を例外にするのは無理だった。

幣原外交への不満と批判

中国大陸の在外公館がみるところ、機密費の問題だけでなく、外務省・政府の事件処理方針は消極的だった。この点は幣原外交にもっとも忠実に行動していた林総領事ですら不満を抱くようになっていた。林の回顧録は言う。「今回の満州事変に対し採れる政府の処置は、優柔不断、ステーツマンシップを欠き、醜悪を極めて居る。然し、之と云うのも、満州における事態を明瞭にせないが為である」。林には協力内閣構想の建策が幣原に受け入れられなかったことへの不満もあったにちがいない。

林はこのような問題状況を直接、政府に知らせる必要があると考えて、九月下旬に帰朝を申し出る。ところが幣原は林を慰留する。「満州時局を累卵《るいらん》の危きより救い居れるは、僅かに貴官が奉天に在るが為である」。幣原の慰留には一理あった。満州の在外公館のなかでもっとも重要な奉天総領事として、林が関東軍と互角に渡り合っていたことは、逐次の来電に明らかだったからである。幣原にとって林は余人をもって代えがたかった。

幣原外交への不満と批判は重光《しげみつ》（葵《まもる》）駐華特命全権公使も共有していた。重光はのちに当時を回想して言う。「幣原外交は、外交上の正道を歩む誤りなきものであったことは疑う余地はなかったが、その弱点は、満洲問題のごとき日本の死活問題について、国民の納得する解決策を有《も》たぬことであった。政府が国家の危局を目前にして、これを積極的に指導し解決するだけの勇気と能力とに欠けておったことは、悲劇の序幕であり、日本自由主義破綻の一大原因であった」。

重光は幣原外交を霞が関外交の正統的な路線として肯定的に評価しながら、他方で駐華公使として日中「提携」を模索していた。革命外交の展開によって、不平等条約の一方的な廃棄を進めようとする中国に、どう対応すべきか。重光は蘇州や杭州などの「価値の少き」租界を返還して中国側に譲歩する代わりに、交渉による不平等条約改正の実現をめざす。

しかし重光のみるところ、このような進言は「国内政局の上から」受け入れられなかった。前年の一九三〇年、日本国内ではロンドン海軍軍縮条約をめぐって、統帥権干犯問題が起きていた。野党の政友会や右翼、国家主義者たちは、海軍軍令部長の反対を退けて民政党内閣が条約に調印したことを統帥権の干犯であると非難した。民政党内閣は条約の批准には成功したものの、政治的な指導力を損なった。中国との不平等条約改正問題は、ロンドン海軍軍縮条約問題の二の舞になりかねなかった。このような国内政治状況のなかで、満州事変が起きる前から、重光は日中関係が「行き詰る」と予想していた。

石射猪太郎と同じ一八八七（明治二〇）年生まれの重光は、東京帝国大学卒業後、外交官試験に合格し、外務省に入省する。一九二五（大正一四）年に北京関税特別会議に代表者随員として参加し、中国の関税自主権の回復をめぐる列強間の対立を目撃したのち、重光は一九二九（昭和四）年に上海総領事に着任している。中国通の外交官と呼んでよい経歴である。重光は「失望」する一方で、「頽勢を挽回する」ことをあきらめなかった。

他方で居ても立ってもいられなかった林は、本省に許可を求めることなく、一一月一三日に奉天を出発し、一六日に帰朝する。直ちに本省に至り幣原と会う。幣原は「顔色憔《しよう》悴《すい》、悲愴なる様子を示し、この空前の時局に、いかに苦しんで居るかを無言の中に知ることが出来、同情の念に堪えず、暫くは互に言葉も出なかった」。九月二四日のハルビン不出兵決定からこのときまでに、幣原外交は行き詰まっていったからである。

林のみるところ、幣原外交は満州事変の拡大になす術がなかった。林は幣原に直言する。「大詔渙発《たいしょうかんぱつ》を願われよ」。林は幣原に天皇が国民に告げる詔勅（大詔渙発）による出先軍部の抑制を求めた。幣原は反対する。大詔渙発によっても出先軍部が聞き入れなければ、「皇室に災を及ぼすこと」になる。そのような責任は負えない。幣原に切り札を出す意思はなかった。

拡大路線と不拡大路線の綱引き

九月二四日から一一月一六日までのあいだ、拡大路線と不拡大路線の綱引きがつづいていた。

一〇月八日、形勢は拡大路線に傾く。この日、陸軍中央は「時局処理方策」を策定する。そこでは「満蒙問題は支那本部より分離して満洲に樹立せらるべき新政権と交渉し根本的解決を期す」となっている。この基本方針は、関東軍の当初案（領有案）よりも後退しているものの、拡大路線を推し進める効果があった。

関東軍に引き摺られる南陸相は、一一月一六日の閣議でチチハル出兵を主張する。黒竜江省のチチハルは清朝中国の頃から対ロシアの軍事的拠点だった。そこを軍事占領するとなれば、対ソ関係が危うくなる。同じ理由でハルビン不出兵を決定したのに、今度は出兵を主張する。南陸相の指導力は地に堕ちた。この日の閣議は首相以下すべての閣僚が反対した。チチハル出兵は回避された。林が幣原と会ったのは、この緊迫する閣議の前後だった。

この日（一一月一六日）は別の観点からも幣原を憔悴させるのに十分だった。一〇月二四日、国際連盟理事会において、議長が期限付き撤退勧告案を提出している。決議案の採決結果は一三対一（日本）だった。全会一致が原則の国際連盟規約にもとづき、決議案は不成立となった。それでも幣原はこの日を気にしないではいられなかった。この日こそ決議案が示す撤退の期限だったからである。

若槻内閣の総辞職

対国際連盟関係の緊張の度が高まるなかで、幣原とアメリカ側のカウンターパートナーとのあいだで重大な事態が引き起こされる。一一月二七日、アメリカのH・L・スティムソン国務長官が談話を発表する。この談話は、錦州攻撃の意思がないとの幣原からの確約に言及することで、日米連携による現地軍の抑制が目的だった。

ところがこの談話は「幣原外相の軍機漏洩事件」となって、若槻内閣を窮地に追い込む。閣内からは安達《あだち》（謙蔵《けんぞう》）内務大臣の協力内閣論が台頭する。しかし事ここに至っても、幣原は協力内閣に反対した。閣内のパートナーである井上蔵相が「絶対に駄目だ」と反対したからである。それでも安達は協力内閣を主張した。協力内閣構想をめぐる閣内不一致によって、一二月一一日、若槻内閣は総辞職する。

いていたのではなく、国際的な共産主義勢力の影響を警戒していた。

ハルビン不出兵の報は大橋にも届く。大橋は至急極秘電報で、不出兵方針の修正を求める。大橋は幣原外相に警告する。不出兵とは「如何にも蘇連に遠慮したるが如き感触を与え蘇連の北満に於ける立場を強め支那側をして益々我方を軽視せしむるのみならず……北満発展上重大なる悪影響を及ぼす虞《おそれ》あり」。関東軍ですら陸軍中央の命令に服そうとしていた。対する大橋は強硬論を主張した。

ハルビンからの機密費増額要求

九月二四日、陸軍省は関東軍にハルビン不出兵を命じる。同日、金谷参謀総長は二宮《にのみや》(治重《はるしげ》)参謀次長を自室に招いて、「満鉄の外側占領地点より部隊を引揚ぐべきことを命ずる様」に指示した。関東軍は表立った作戦行動をとることが困難になった。

危機感を抱いたのが大橋である。すでにみたように大橋は、ハルビン不出兵方針の修正を要請する一方で、それと前後して幣原に宛てて機密費の増額を要求している。「最近北満地方は満洲時局の中心となり状勢益々複雑化し従来支給せられ居る機密費にては情報蒐集等に差支あるのみならず事件後北満事情調査に来往する内外人頻繁にて応接に暇なき有様なるに付時局安定迄一ケ月三百円」を「一般情報機密費として至急御支出相成たし」。

以上の満州事変の勃発から若槻内閣の総辞職に至るまでのあいだ、緊縮財政の下で、満州事変の拡大・不拡大のいずれの方向であっても、機密費の促進効果はきわめて限定的だったことがわかる。機密費の重要性が高まるのは、若槻内閣の総辞職後のことである。

第Ⅱ章　インテリジェンスと接待——ハルビン・上海・奉天

民政党から政友会への政権交代

民政党の若槻内閣に代わって、一九三一（昭和六）年一二月一三日に犬養《いぬかい》（毅《つよし》）首相の政友会内閣が成立する。衆議院で一七四議席の少数与党の内閣だから、解散・総選挙は時間の問題だった。翌月の二一日、犬養首相は衆議院を解散する。総選挙は二月二〇日になった。

政友会は選挙戦を「犬養景気」で戦う。金本位制と緊縮財政の民政党に対して、金輸出再禁止が誘導する円安を利しての輸出拡大と積極財政による景気回復に自信があったからである。

協力内閣を拒絶した政友会が満州事変の不拡大に努めることはなかった。すでに前年の一一月一〇日、政友会の議員総会は、対外政策をめぐって、つぎのように決議している。「満蒙は帝国の生命線なり」。満州事変は「自衛権の発動に外ならず」。現地居留民の保護と既得権益の擁護が保証されないかぎり、「断じて撤兵を許さず」。政友会が強硬論に傾いた以上、この時点で満州事変対策をめぐる協力内閣構想の実現可能性はなくなった。

政友会の選挙戦の戦い方もそうである。ある候補者は「自主外交の大主義」を掲げる。別の候補者は「満蒙独立国の膳立をなしたる」現地軍を称賛する。「直《ただち》に新満州国承認」を求める候補者もいる。政友会は満州事変の拡大を支持するようになっていた。

総選挙の結果は、一四六議席の民政党に対して三〇一議席の政友会の圧勝だった。勝因が「犬養景気」だったことはまちがいないだろう。同時に国民は大きな代償を払うことになった。政友会は満州事変にともなう対外危機になす術がなかったからである。

満州事変は政党政治に対する外からのクーデタ、軍事的な挑戦だった。それにもかかわらず、政友会が民政党との協力内閣構想に応じなかったことは、そのあとすぐに重大な結果を招くことになる。

好機到来

緊縮財政の民政党内閣から積極財政の政友会内閣への交代は、中国在勤の外交官にとって好機到来だった。なかでももっとも強く歓迎したのはハルビン総領事の大橋忠一だろう。犬養内閣成立の一〇日後（一二月二三日）、大橋は機密費の増額を求めて本省に打電する。「現下政情漸く安定し新政権の施政其緒に就かんとし、我方亦《また》新政策の実施に着手せんとする重要時期に於て、一層警察機関の聯絡及懐柔に努め度。就ては特別御詮議の上、今回に限り金三百円の……警察用一般機密費として至急御電送を請う」。大橋は新政権の下で「新政策」を実施するのに必要な機密費三〇〇円を求めた。

積極財政の政友会内閣といえども、発足当初は機密費を含む満州事変費の増額が困難だった。一二月一七日発の在中国各館長宛の外務次官電報は、つぎのように伝えている。「今新内閣成立せりと雖《いえども》予備金窮乏の事実は変化なく而も追加予算は早くも来年二月下旬頃」でなければ成立しない。したがって「貴地方の困難なる事情は夙《つと》に諒解し居るも遺憾ながら速に貴意に応じ難き実状」である。

この外務次官の電報は財政の窮状をつぎのように訴えている。「本年度第二予備金は前例なき程逼迫せるに加え国庫余剰金も既に全部赤字補塡の為に費消せられ一方歳入の欠陥は減俸及各省経費の節約位にては到底弥縫《びほう》するを得ず」。前内閣が敷いた緊縮財政路線の下では、政権が交代したからといって、すぐに予算を組み替えるのはむずかしかった。この電報は追加予算の成立を待つように指示している。

他方で大橋は機密費の増額を求めつづける。一二月二四日にはハルビンが「赤露の赤化運動並中国共産党北満特委等の策源地」になっている旨を報告しながら、内偵に必要な情報員を六名、ひとり月額四〇円で採用することを求めている。

一二月二八日に大橋は返電を受け取る。返電は「機密費の支出は詮議出来兼ぬる」としながらも、警察増員の二ヵ月分（一二月と一月）の費用六〇〇円を「今回に限り右月割に依らず」九〇〇円にするとなっていた。

実質的に三〇〇円の増額を獲得した大橋のハルビン総領事館は、諜報活動を目的とする情報員を六名（日本人一名、朝鮮人二名、中国人二名、ロシア人一名）雇い入れることができるようになった。

政権交代は大橋にプラスの影響をもたらした。ハルビン総領事館の諜報活動は活発になっていく。

ハルビン総領事館（1931年。朝日新聞社提供）

ハルビンの国際スパイ戦

ハルビンの国際スパイ戦を垣間見ることのできる史料がある。

ソ連のドイツ人スパイ、マックス・クラウゼンは、満州事変が勃発した年の一〇月、中国の青島《チンタオ》から大連に出て、鉄道でハルビンに着く。のちにクラウゼンは日本の官憲に逮捕される。以下はその際にクラウゼンが記した手記からの引用である。

　クラウゼンの見るところ、ハルビンは「蘇《ソ》聯邦の勢力が浸透」していた。街では一流の映画館から場末の小屋まで革命を謳歌した映画やソ連の映画がさかんに上映されていた。中国警察の取り締まりを受けている風でもなかった。

　満州事変にともなって日本の勢力が強くなったとはいえ、ハルビンはソ連勢力が集中していて、日本側もハルビンでは「多少の遠慮があった」。「従って我々諜報団の存在も特異の言動なき限り殆んど注目を惹く事はなかった」。

　クラウゼンはコミンテルン（共産主義インターナショナル）のスパイだった。コミンテルンは、各国の共産党を束ねる国際的組織として、ロシア革命後の一九一九年に設立された。一九二二年には日本共産党がコミンテルン日本支部に指定されている。ソ連共産党の指導力が強いコミンテルンは、ソ連の国益を優先させる。一九三一年当時のコミンテルンは、各国の革命をめざす路線からファシズム国家に対抗する路線へ転換を遂げようとしていた。

　クラウゼンによれば、コミンテルンのスパイ活動は三種類あった。第一に情報収集、第二にテロ、第三に資本主義国における共産主義運動の指導と促進であり、中国共産党も第三のスパイ活動を展開していた。

無線技士の技能を持つクラウゼンの主な活動は、情報の送受信に必要な短波の無電機の組み立てだった。ハルビンでは短波の使用は禁じられていた。他国に知られずに機密情報を送受信するには短波の無電機が必要だった。

ハルビン総領事館の諜報活動

大橋のハルビン総領事館の諜報活動とはどのようなものだったのか。以下に例示する。一二月一日に大橋は幣原外相に、中国兵約三〇〇人の帰還を伝えて、つぎのように報告している。「其一部の者は邦人料理店及雑貨店等に来り日本人に悪意を有する態度にて何《いず》れ復讐手段に出ずべしと放言し去りたるに付邦商は何れも門戸を鎖して警戒中」。

そこで大橋は中国側当局者に「該兵の素性を質《ただ》した」ところ、「斉斉哈爾《チチハル》戦に関係なしと修飾的に語りたるも」、「敗残兵」と見当をつけて、「取締方厳重警告」をした。

翌日、大橋は「其後当館密偵の報告を綜合判断」した結果、つぎのように報告する。報告によれば、ハルビンに帰還した中国兵は、もとからハルビンに駐屯していた「護路兵」で、日本軍との斉斉哈爾戦に参加した後、退却した敗残兵だった。「護路兵」とは鉄道線の守備隊のことを指す。具体的には東支(北満)鉄道の守備隊のことである。全長約二五〇〇キロメートルのこの鉄道は、ロシアが満州に敷設したもので、中国とソ連の共同経営だった。機密費で雇った密偵の情報は、大橋の推測を裏づけた。不穏な行動をとる帰還兵は、護路軍の敗残兵だった。

別の例を挙げる。密偵からはより重要な情報がもたらされることもあった。一二月二日発の大橋の報告電報は言う。「当館密偵の齎《もたら》す処に依れば十一月三十日当地独立歩兵第二十六及二十八旅〔団〕は学良より左の密電を接受せる趣なり」。

密電の内容はつぎのとおりである。蔣介石の中国中央政府は、対日宣戦布告までには至っていないものの、軍備を増強しつつ、全陸軍の精鋭の三分の一を「土匪《どひ》軍」に改編して中国各地で一斉に活動するように指示を出した。日本軍は「防御に暇《いとま》」なく、「土匪軍」に手を焼くだろう。

蔣介石が一九二七年に国民政府を南京につくってから四年しか経っていなかった。中国国民政府は国家の基盤形成が不十分だった。それゆえ日本との全面的な軍事衝突は回避しなければならなかった。共産党との軍事的な対抗関係もあった。そうだからといって、満州事変の拡大を傍観することもできなかった。このような国民政府の内情を前提とすれば、密電は信憑性があった。

ゲリラ戦

「土匪軍」とはゲリラ軍のことを指す。「便衣隊《べんいたい》」の別名である。満州事変が中国のゲリラ軍との戦いであることは、同時代においても知られるようになっていた。一例を挙げる。民謡詩人（民謡の作詞家）の鹿山鶯村《かやまおうそん》は、ある団体の依頼で、満州の日本軍の慰問に訪れた。鹿山は二ヵ月にわたる慰問の様子を一九三二（昭和七）年五月発行の著書にまとめている。

ある日、案内人のあとをついて歩いていたところ、鹿山は「枯れた芝草を無造作に被って寝ている人間を発見した」。驚いてよく見ると、中国人の死骸だった。案内人は鹿山に説明する。「こりゃ便衣隊です。今朝恰度《ちょうど》明け方に、弾薬を盗みに北大営《ここ》へやって来た奴が発見されて銃殺されたんです。こいつらはみんな敗残兵なんです」。

鹿山は言う。「これが便衣隊ッて云《い》うんですか。話に聴いたり新聞では読んでいましたが、正体を見るのは今日が初めてです。これは、これで支那の正規兵なんですか」。案内人が答えて言う。「そうですとも。ホラごらんなさい、下にはちゃんと正規兵の軍服を着けているじゃありませんか」。この案内人によれば、便衣隊は弾薬を盗んだり日本の将校を狙撃したりするだけでなく、密偵に入り込む者もいるという。

日本軍は中国のゲリラ軍に手を焼いていた。案内人は鹿山に説明する。「もう便衣隊には実際困っているんです……軍服の上へ普通の支那服を上張《うわっぱ》ってしまえば、外観一寸《ちょっと》も区別がつきやしませんよ」。

要するに密偵が大橋のハルビン総領事館にいち早くもたらしたのは、満州事変のゲリラ戦化の情報だった。

機密費の半分が接待費――ハルビン

機密費の具体的な費目はどのようなものだったのか。ハルビン総領事館の例で確認する。昭和六年度第Ⅳ四半期の受払報告書によれば、受高一万円に対して、支出は三三二四円九二銭で、差引残高は六六七五円八銭だった。

二四の支出項目を三つのカテゴリーにわける。

第一は「諜報費」である。「諜報手当」の支出項目の五件の合計金額は、九二〇円で総額の二七・六七パーセントにあたる。

第二は慰問・慰労・弔慰金である。七件の合計九〇七円五〇銭は、総額の二七・二九パーセントを占める。

第三は接待費である。一二件の合計一四九七円四二銭は総額の四五・〇四パーセント、機密費の半ば近くが接待費だったことになる。

諜報者への支払い

「諜報費」五件の内訳はのべ四人の外国人に一五〇円、四〇円、三八〇円、五〇円の合計六二〇円、現地の日本の警察署長に三〇〇円となっている。

「諜報費」であっても、各項目にはすべて領収書が添付されている。たとえば諜報者のギブソン（T. Lindsay Gibson）の領収書の細目は、ギブソンのサラリー三〇〇円、タイピスト二四日×二円五〇銭＝六〇円、貸しタイプライターの代金二ヵ月分二〇円である。

ハルビン総領事館は警察署長からも領収書をとっている。「三百円也」の領収書（三月三〇日付）の内訳は「哈爾賓《ハルビン》事件中警察署に要したる諜報費」である。「哈爾賓事件」とは、この年の二月に満州事変の軍事的な拡大がハルビンの占領に及んだ際の軍事衝突を指す。すでに前月（一月）の段階で現地情勢は緊張に包まれていた。ハルビン市内では日本人一名、朝鮮人三名が中国軍によって虐殺された。関東軍の飛行機が不時着した。搭乗員が射殺された。本庄関東軍司令官は関東軍出動の時期到来と判断して、陸軍中央の指示を仰いだ。陸軍中央は一月二八日にハルビン派遣を承認した。

警察が諜報活動に関与していたことから、つぎのような本省宛の大橋総領事の電報も、機密費とは別枠での事実上の機密費の要求と解釈することができる。

大橋の一月二二日発の機密電は、六名の警察雇員の臨時採用にともなう手当支給を求めている。この電報によれば、採用したのは、日本人一名、朝鮮人二名、中国人二名、ロシア人一名だった。日本人一名を除いて全員が外国人だった。この臨時の警察雇員の役割は諜報活動にあったと強く推測される。本省は一、二、三月の三ヵ月間の六名分の手当、合計五五七円四〇銭の支出を認めている。この臨時の警察雇員の件も含めれば、機密費における「諜報費」の割合は高かった。

慰問・慰労・弔慰金

第二の慰問・慰労・弔慰金は七項目ある。そのなかの一つ「哈爾賓事件傷病兵慰問として」の二〇〇円について、総領事館は哈爾賓基督徒十字会から二月二二日付の領収書を受け取っている。傷病兵の慰問には果物が用いられたこともあった哈爾賓生果共同荷受組合からの請求書・領収書によると、五七円五〇銭が支出されている。

このほかに哈爾賓事件の関連では、朝鮮人の被害者四名の香典の領収書（一〇〇円）もある。あるいは哈爾賓義勇隊に対して、日本人居留民の保護の任に当たった慰労金として支払われた一〇〇円の領収書も残っている。「不眠不休在留民保護の任に当れる」警察官の慰労金二〇〇円の領収書も同様の使途目的である。さらにこの事件による避難民の慰問として、哈爾賓日本居留民会が「避難者収容所御寄贈品代」「二百円也」の領収書を発行している。避難民慰問金は、同様に在哈爾賓朝鮮人居留民会にも支払われていることが領収書によって確認できる。

高級料亭での接待

第三の接待費は一二項目にのぼる。領収書も詳細をきわめる。接待は外国人接待と日本人接待（いわば「官官接待」）の二つに大別される。外国人はアメリカ総領事や中国人関係者、日本人の「官官接待」は特務機関や軍部である。

外国人接待で飛び抜けて金額が大きいのは、三月二六日の大橋総領事主催の「東支鉄道倶楽部」における「外人及支那側饗応」で、三三六円九二銭になっている。この日の宴会は豪華だった。ロシア人の受取人署名のある四八円の領収書は、「露西亜プログラム出演料」の余興費になっている。シャンパンの代金は二一四円（当時の一円＝現在の約一八〇〇円で換算すれば、約三八万五二〇〇円）と高額である。随行員・運転手・ボーイ七六名にチップを払っている。チップ代の総計は四五円六〇銭である。この日の宴会の費用は合計六四四円五二銭だった。

このほかに接待場所として用いられたのは、高級料亭の「武蔵野」や「矢倉」だった。四月一日付の「武蔵野」の領収書（受払報告書）は余興代七六円二〇銭となっていて、内訳を見ると芸妓の日当が含まれている。九人の日当に違いはなく、皆四円五〇銭である。同日付の「矢倉」の領収書にも芸妓五人分が計上されている。ここでも皆同じ四円五〇銭である。

アメリカ総領事を接待したのも「武蔵野」だった。「十五人様お連れ」の「外国人御招待」となっている領収書の内訳は、料理代・アルコール代・タバコ代・芸妓三人・祝儀で総額一〇三円三〇銭になっている。芸妓の二人にそれぞれ四円五〇銭、もう一人に六円八〇銭が支払額である。

もう一つの「矢倉」は三月二五日に長岡《ながおか》（春一《しゅんいち》）駐仏大使と外国人の宴席（芸妓付）に用いられている。費用は一二四円九〇銭だった。

「官官接待」の方は大盤振る舞いだったようである。三月二五日の「武蔵野」における特務機関と軍部に対する接待の領収書には、「三十三人様お連れ」となっている。芸妓は一三人と多く、日当もバラエティに富んでいる。総額三〇二円九〇銭である。この日の接待の規模は、大橋総領事主催の三月二六日の宴席につぐものになっている。

コミンテルンへの警戒心

以上のようなハルビン総領事館における機密費の使途のなかで、諜報費が多かったのは、大橋がインテリジェンスに強い関心を持っていたことと直接の関係がある。

大橋はコミンテルンの活動に神経を尖らせていた。たとえば満州事変が起きる二ヵ月前に、大橋は本省に宛てて「波蘭《ポーランド》国内に於ける『コムインテルン』諜報網曝露に関する件」を伝えている。この機密電報によれば、ポーランド政府当局者は「今更乍《なが》ら自国内に於て『コムインテルン』の極めて細微なる諜報網が巧に張られ其魔手は想像以上に深く喰込み居たるを知り大に驚き居れる」様子だった。大橋は「右は既に御承知とは存ずるも念の為御参考迄報告」している。

ハルビン総領事の大橋が神経を尖らせていたのには理由があった。日本側の資料によれば、ハルビンのソ連総領事館は「地理的及特種の政治的関係上現在の在支那ソヴィエト合法機関中最高のもの」で、「全支那に号令する一ソヴィエト政権とも称すべきものにして対支ソヴィエト主義並赤化宣伝の総本部」だったからである。この調査資料によれば、ハルビンのソ連総領事館の地下には「秘密会議室」や「ラジオ通信装置」、「武器庫並各種兵器」、「監禁室」、「機密物件格納庫」などの設備があった。

どのような「赤化宣伝」がおこなわれていたかは、ソ連のドイツ人スパイ、クラウゼンの手記がその一端を示している。ソ連の革命記念日の前夜、ハルビンの官庁・会社・工場では集会が開催され、参加者は革命をめぐる討論を戦わせる。翌日、示威行動に出て、革命記念日を盛大に祝う。赤旗を振り革命歌を歌いながら示威行動をおこなっても、中国の官憲がロシア人を取り締まることはなかった。

大橋の総領事館も対抗して諜報活動を展開していた。たとえば大橋は「『ソヴィエト』系密偵」からの報告として、つぎのように伝えている。「当地『コムソモール』〔全連邦レーニン共産主義青年同盟〕機関は数日前満洲事件に関し大要左の如き通達書」を作成し、各員間で回し読みされつつある。通達書には「日本は単に満洲を併呑せんとの野心を有するのみならず更に其の手を延ばし我が『ソヴィエト』領を侵さんとする腹を持ち居れり」との一節が記されている。ハルビンの社会主義者の組織〔全連邦レーニン共産主義青年同盟〕は、メンバーに日本の満州事変の意図が満州の支配に止まらず、ソ連領への侵攻にあると伝えて、危機感を煽った。

ハルビン総領事館書記生＝杉原千畝

大橋の総領事館におけるインテリジェンス業務に従事していたのは、一九二五年から総領事館に書記生として勤務していた杉原千畝《すぎはらちうね》である。杉原はのちに在リトアニア領事館領事代理として、数千通の通過ビザを発給して、ユダヤ系避難民約六〇〇〇人を救ったことでよく知られている。その杉原が「稀代のインテリジェンス・オフィサー」だったことは、白石仁章『諜報の天才　杉原千畝』が余すところなく描き出している。

杉原のインテリジェンス能力は、大橋のハルビン着任以前から評価されていた。大橋は杉原を重用する。白石『諜報の天才　杉原千畝』によれば、大橋は杉原を同行してソ連領を旅行した際に、ウラジボストークで共産党員の溜まり場に紛れ込むことがあった。同書は「大橋こそインテリジェンスの重要性、それに携わる部下の苦労をよく理解していた人物であったのではないか」と推測している。

杉原千畝（朝日新聞社提供）

「親軍派」大橋のソ連分析

他方で大橋は、「親軍派」あるいは幣原外交の「反逆者」のイメージを持つ人物だった。一九一八（大正七）年に外交官試験に合格して外務省に入省した大橋は、翌年、奉天在勤となる。満州が大橋の経歴の出発点だった。一九二九（昭和四）年には北京公使館一等書記官として中国の国内情勢を観察する。大橋が目撃したのは、清朝中国崩壊後の軍閥割拠の時代を経て、蔣介石が武力統一を進める混乱の渦中の中国だった。このような中国在勤の経験が「親軍派」あるいは幣原外交の「反逆者」のイメージ形成に影響を及ぼしたようである。

「親軍派」「反逆者」の人物イメージは北満進出論者として補強される。当時、奉天総領事代理だった森島守人は回顧録のなかで、つぎのように述べている。「大橋総領事は、事件発生当初から、北満出兵論の急先鋒で、いろいろ外務省とのあいだに摩擦を起していた」。このような大橋が機密費を使って、特務機関や軍部との「官官接待」に励んでいたことは、「親軍派」のイメージどおりである。

しかし酒は宴席だけのことだった。大橋は自宅ではいっさい酒を呑まなかった。素面《しらふ》の大橋が危惧したのは、幣原外交の無力だった。中国ナショナリズムは「満蒙特殊権益」の回収に近づく。大橋は戦後のインタビューで、「満州の非常に切迫した状況に対して、幣原外相は、どんな方策を考えておられたもんですかね?」と問われて、「それがないんだよ。……話し合いによって……何とか解決しようという以外には、手はなかった」と答えている。大橋の幣原外交批判は、親軍的な立場からというよりも、霞が関の本省に対する現地からの批判だった。

加えて大橋の北満進出論が計算ずくだったことに注意すべきだろう。大橋の報告によれば、柳条湖事件の発生後、ハルビンのソ連機関は「急に鳴を静め全く沈黙を守り来り人をしては甚だ奇異に感ぜしめたる所」だった。大橋はその理由として、ソ連当局が関係各機関に「日支両国の事件に対しては冷静事に当り絶対に中立を守り……」との指示を与えたからではないかと推測している。

別の言い方をすれば、北満に進出してもソ連は出てこないと推測している。戦後のインタビューのなかで、「ソ連が出て来なかったのは、やはり、ソ連の国内的な混乱からでしょうか?」との質問に答えて、「と思いますね。非常に弱っておったもんね」と述べている。大橋は当時のソ連が「非常な苦しんでおるうめき声が聞こえるように感じた」。経済的に困窮しているソ連が北満をめぐって日本と軍事的に衝突するリスクは低い。大橋はそう考えた。

以上要するに大橋は、インテリジェンス活動を踏まえながら、的確なソ連分析を展開していた。事実、満州事変にもかかわらず、日ソ関係は静謐《せいひつ》を保っていた。

公使館情報部の設置——上海

満州事変をきっかけとして、インテリジェンス活動の重要性は在外公館に広がる。公使館が置かれていた上海でもそうだった。

一九三二(昭和七)年二月に上海に着任した岩井《いわい》英一《えいいち》の回想によれば、現地のインテリ

上海総領事館（1932年。毎日新聞社提供）

ジェンス体制はつぎのとおりだった。中国側情報の入手は、領事館警察の特高がおこなっていた。日本国内の共産党の取り締まりの必要上、中国共産党関連の情報が必要だったからである。そのほかに総領事館では副領事や書記官が何人かの中国人（「在野政客」）を使って、蔣介石政権と中国共産党軍の情報収集に当たっていた。実際に上海総領事館宛の領収書のなかには、中国人名で「銀壱百拾弗也／事件関係機密費として／右正に領収候也」（一九三二年二月二四日付）と記されているものがある（一円＝約銀一・五五弗）。機密費は日本人にも渡っていた。たとえばつぎのような領収書がある。「銀壱百弗也／事件関係機密費として手交／右正に領収候也／昭和七年二月二四日／坂本義孝」。日本人であれ中国人であれ、彼らは機密費を得て、「密偵」として中国情勢の情報収集活動に当たっていたと推測できる。それというのもすでにみたように（五一ページ）、ハルビン総領事館は中国人、朝鮮人、ロシア人のほかに日本人も情報員として雇い入れていたからである。上海総領事館でも同様だったにちがいない。

上海総領事館の機密費は他の公館と比較して多かった。一九三一（昭和六）年第Ⅳ四半期において、総額は一万三〇七六円一〇銭＋四五八三・二二銀弗だった。同時期のハルビン総領事館が三三二四円九二銭だったのと比較すれば、上海総領事館の機密費の額は突出していることがわかる。なお上海の総領事館の機密費が突出していたのは別の理由もあった。そのことについてはつぎの章で詳述する。

情報収集ルートはこのほかにも各国の公使団や領事団との接触、内外の記者からの聞き込みなどがあった。しかし岩井のみるところ、情報収集ルートは「貧弱」で、「中国側裏面の生《な》まの情報入手の点でどれだけの成果をあげていたか疑問だった」。

そこで岩井は一方では独自の情報網を作ることにした。このネットワークのなかには公使館付陸海軍武官や中国側要人が含まれていた。この点に関連して、岩井は海軍武官と宴席をともにしたと回想している。当時の上海で新聞社と海軍は親密な関係を保っていた。朝日新聞上海支局次長森山喬は沖野《おきの》（亦男《またお》）海軍武官補佐官と夏の盛りに褞袍《どてら》を着てすき焼きを食べる「我慢会」のメンバーだった。岩井はそこへ割り込もうとして武官陪席の日中記者懇親会の場を設ける。

他方で岩井は上海の外務省の出先機関に「専門の情報機構を早急に新設」するべく上海の総領事館の首席領事に相談したところ、同意を得る。この年（一九三二年）の六月までに公使館情報部設置案は承認される。

公使館情報部の初代の部長は須磨《すま》（弥吉郎《やきちろう》）一等書記官がその任に就いた。須磨は広東領事（一九三〇〜一九三二年）の頃から「須磨情報」として知られる情報調査の結果を本省に伝えていた。須磨の情報収集能力は高く評価される。のちに（一九三七年）須磨はその手腕を発揮して、情報収集と広報外交を目的とする国家機関＝内閣情報部の設立に関わることになる。

岩井の須磨に対する人物評はつぎのとおりである。「須磨弥吉郎は天才肌で、実に多芸多能の人だった。中国語も或る程度話せた。堂堂たる体格で押出も立派だった」。岩井はそのような須磨と「仕事の上でよく呼吸が合った」と回想している。須磨は岩井をともなって、蔣介石政府の要人を訪れて、情報収集に従事する。こうして上海では公使館情報部による情報収集が始まった。

「ニューズの一大中心地」

上海はハルビンとは別の意味で情報収集の重要な拠点だった。一九三〇年代に新聞聯合社（のちの同盟通信社）の上海支局長だった松本重治《まつもとしげはる》は、当時の上海を「極東におけるニューズの一大中心地であり、また中国と諸外国との政治、外交、経済、貿易の接触の場でもあった」と述べている。松本はつづける。「阿片窟《あへん》やキャバレーやあらゆる賭けごとの場所など、悪徳の華が咲いていたと同時に、バンド（外灘《ワイタン》）や南京路などには、外国権益のシンボルというべき大廈《たいか》高楼が立ち並んでいた」。このような上海を舞台として、公使館と総領事館の関係者は情報収集活動を展開する。

満州事変勃発当初の現地の外務省対軍部の関係とは異なって、上海では両者の意思疎通は悪くなかった。それというのも公使館情報部を作った岩井にとって、公使館付陸海軍武官府の情報収集能力は高く評価されるべきだったからである。

機密費が宴席の費用に充てられたことは、上海でも同様だった。機密費の史料集には高級料亭の領収書が綴られている。岩井の回想録は、宴会がどのようなものだったのかを臨場感とともに伝える。

さきにふれた岩井が設けた日中記者懇親会の宴会の出席者は、総勢四四名前後だった。日本側は外務省だけでなく軍関係者もいた。この日中記者懇親会は、「芸者こそ呼ばなかったが、「三幸」〔上海の高級料亭〕の大勢の女中の中から選りすぐった美しい女中のサービスで宴会は大いに盛り上った」。この日の宴会は飲み放題、食べ放題の大盤振る舞いで心づけも含めて総額五百数十円を費やした。それだけではなかった。岩井は「得意の裸踊りを披露した」。岩井としては中国人記者に「裸で付合うとの意思表示の積り」だった。

この宴席が効果を上げたのかは疑わしい。しかし岩井は「一応意義はあった」と自己評価する。満州事変以来の日中関係の緊張をわずかであっても緩和させたかもしれなかったからである。さらに軍側がこのような趣旨に理解を示して出席したことに対して、岩井は「好意には感謝の言葉もなかった」と記している。

軍部の宴会批判

機密費の使途の一つが饗応にあったことは、軍部側においても批判があった。以下は今《いま》村《むら》（均《ひとし》）関東軍参謀副長が着任した時（一九三六年四月）のエピソードである。今村は熱心なキリスト教徒だった。家庭の事情で大学進学をあきらめながらも、陸軍士官学校に合格する。さらに陸軍大学校へ進み、首席で卒業を果たす。満州事変の勃発当時、今村は参謀本部作戦課長の要職に就いていた。今村は現地軍の独断専行と満州事変に連動するクーデタに否定的だった。政党内閣の下での陸軍中央の基本方針どおりに、今村は事変の早期解決をめざした。その後、今度は今村が現地軍の参謀副長の任に就くことになった。

着任の日、午後九時近く長春の停車場で下車すると、迎えの者が荷物を運び、関東軍参謀の待つ割烹料理屋に自動車で今村を連れて行こうとした。今村は「公務着任の日に、停車場から、すぐかっぽう店などにつれこまれることは、不愉快に思われた」。

今村は割烹料理屋「桃園」の一六畳ほどの奥座敷に連れ込まれた。「さすがにその場に見えていた三、四の歌妓は、皆、部屋を出ていった」。大佐一人、中佐二人、少佐二人の五人が「軍服姿で大きな食卓をかこみ、私を上座にすえておじぎをした」。酒を帯びながらの彼らが今村に求めたのは、関東軍参謀副長としての「威重」だった。

今村は酒席で忠告を受けたことを不快に感じた。「ご好意の忠言に対し、反駁的な申しようになり、失敬ですが」と断りながらも、今村は「軍の威重上好ましくないと思ったときは、……軍司令官の決裁により、私の職を免ぜられるようにされたい」と言い切った。謹厳実直な今村にふさわしい態度だった。

着任から半年後、今度は辻《つじ》(政信《まさのぶ》)大尉がやってきた。辻は抗議する。「あなたは、自分ひとりが料理屋に行かないことで、自らを安んじていますが、かようなことは、実に消極の行為です。なぜはっきりと〝軍司令部将校は、私費を以ってなら格別、公費をもって市中料理屋に人を招くことは、許されない〟と禁じないのです。軍の参謀たちが、殆んど毎晩のように、公費で酒食していることを、軍隊の将兵は憤慨しており、とくに軍の機密事項が、酒楼での参謀の口から女の耳に、女の口から一般市民の耳に、筒抜けになっております」。

今村も同じ考えだった。今村は「公費会食の件」を通達する。公費接待は軍人会館でお

奉天総領事館（1930年頃。朝日新聞社提供）

こなうこととし、市中料理屋では禁止となった。ただしこの通達をもって機密費の饗応費支出が禁じられたのではなかった。

軍部に対する感情の融和――「宴会招待関係費」

ハルビンや上海とは異なって、とくに満州事変の勃発当初、奉天では総領事館と現地軍が対立していたことは、すでにみたとおりである。その奉天においても総領事館はためらうことなく、機密費の増額を要望している。

一九三二（昭和七）年一月七日に外務省本省は、奉天の森島総領事代理宛に、支出すべき機密費の金額が二〇〇〇円なのか、馬隊雇入費七〇〇円も加算するのか、警官の旅費一五〇〇円の内訳は何か、確認を求める。

翌日、森島は返信する。機密費の二〇〇〇円は「国民府員逮捕の懸賞金並公安局員及鮮人利用に要する費用にして馬隊雇入費七百円を含まず」。また警官の旅費一五〇〇円の内訳は、「警官十人十日分の日常及宿泊料一千円旅費実費五百円」だった。現地情勢は緊迫の度を強めていた。満州地域と華北地域のあいだに位置する錦州は、中国の軍事戦略上・交通上の要地だった。現地軍はこのような戦略的拠点を確保する目的で、一二月二八日、進撃を開始する。そこへこの日から三〇日にかけて、関東軍の増派部隊が奉天に到着する。翌月（一九三二〈昭和七〉年一月）一日、関東軍は奉天に近接する錦州を攻撃する。諜報戦も激しくなる。機密費の増額が必要だった。

一月二〇日、外務省本省は、森島の要求を満額（二〇〇〇円＋七〇〇〇円＋一五〇〇〇円＝四二〇〇〇円）で認めて、送金した旨通知している。

森島はこの年末に奉天からハルビン総領事へ転出する。ハルビン総領事としての森島の働きは、前任の大橋と異なるところがなかった。森島は機密費の増額を求める。

機密費のなかでも森島が重視した費目は「宴会招待関係費」である。森島は不満を漏らす。「従来当館に送付され居る宴会費は月額百円に過ぎず右の如きは所要宴会招待費に対し九牛の一毛と云うも過言に非らず」。

森島が重視したのは、軍部（関東軍）に対する「宴会招待関係費」の効用である。森島は言う。「当館並当館警察としては治安問題に関し軍側と密接なる連絡を持するの必要」がある。しかし外務省警察と憲兵とは「兎角対立的関係を生じ延《ひ》いて一般館務に累を成すの懸念あるを看取」した。そこで「官官接待」による融和ということになる。軍部に対する「感情の融和」は「多大の効果」があった。

「宴会招待関係費」についで森島が求めたのは、「諜報関係費」である。森島もハルビンが「諜報宣伝戦の戦場」であることを承知していた。各国の総領事館は、たとえばアメリカが年額二万ドル以上の諜報費をもって「各種機関と内面的連絡をとる一方諜報者を北満各地に派遣」していた。このような外国側の諜報活動に対抗するには、「相当額の機密金」が必要だった。

ハルビンの国際的な重要性は、別の費目も要求する。それは「新聞関係」費だった。森島は言う。「当地は国際都市たる上に日『ソ』満三国の接触点にある為当地方の出来事は世界一般の注意を惹き易きと共に当地方一般住民は国際問題に対し鋭敏なる感受性を有す」。したがってハルビンの十数種類の英字新聞、ロシア語新聞と「常時接触」し「善導に努むること」が必要であり、「善導」すべきは現地の「田舎新聞の域を脱せざる」日本語新聞も同様だった。

以上を踏まえて森島は、一万円の機密費を本省に求めている。要するに満州事変の早期解決のためにも機密費は不可欠だった。

第Ⅲ章　上海事変と松岡洋右

日本人襲撃事件

一九三二（昭和七）年一月、上海で日中両軍が衝突する。軍事衝突は拡大して上海事変になる。上海事変の直接のきっかけは、一月一八日の日本人襲撃事件である。この日、日蓮宗の僧侶・信徒の一行五人が共同租界東部を巡行中、中国人に襲われる。一人死亡、二人が重傷を負った。激昂した日本人居留民が暴動を引き起こす。

新聞の第一報は小さな扱いだった。たとえば『東京朝日新聞』（一月一九日の朝刊二面）はつぎのように報じている。「十八日午後五時日蓮宗たく鉢寒行の邦人五名の一行が市内華徳路東華紡績付近を通行中突然付近の支那人数十名の襲撃を受け袋たたきに逢い、内三名は重傷を負って付近の病院に担ぎこまれたが、その内二名は生命危篤である」。

翌日の朝刊は「上海居留邦人／極度に憤激」の大見出しで、「空気にわかに険悪となり大事件突発するやも知れず極度に緊張して居る」と伝えるようになる。

さらに翌二一日の朝刊は、三段組み大見出しの記事が並ぶ。「数千の支那群衆／少数邦人と対抗／陸戦隊出動厳戒中」。「外人巡査と大乱闘／激昂の我居留邦人」。

同日の夕刊は一面で二〇日、衝突が起きたことを急報する。「邦人青年と支那人／上海で大乱闘／日蓮行者に対する暴行に憤慨／三人死亡・多数負傷」。日本人一名、中国人二名が犠牲になった。「工場に火を放つ」。日本人青年のグループは、抗日の拠点とされる三友実業社を襲撃、放火した。

上海は日中が正面衝突する事態へエスカレートしていく。中国側のボイコット運動は日本商品に大打撃を与える。日本人が経営する一二五の主な工場はつぎつぎと閉鎖され、最後まで操業をつづけた紡績会社九社も休業に入る。このような結果をもたらした中国側の日貨ボイコット運動は、日本人居留民を刺激する。追い詰められた日本人居留民は、総領事館や海軍陸戦隊に強硬措置を求める。中国側の十九路軍と日本海軍の陸戦隊が衝突する。戦火が広がる。

上海は租界（治外法権の外国人居留地）などの欧米列国の権益が錯綜する国際都市だった。中国東北部の奉天とはわけがちがう。上海での日中軍事紛争は欧米列国を巻き込む国際紛争に拡大する大きなリスクがあった。

田中隆吉と謀略

上海事変の直接のきっかけとなった襲撃事件が公使館付武官補佐官の田中《たなか》（隆吉《りゅうきち》）少佐の陰謀だったことは、よく知られている。研究史上の定説といってよい。たとえば高度な研究書の一つである後藤春美『上海をめぐる日英関係』は指摘する。「当時少佐で公使館付武官補佐官であった田中隆吉が、僧侶の襲撃を計画したのは自分だと、一九五六年になって言い出した」。同書が指摘するように、「田中自身の証言以外に証拠はなく、一九五六年に至るまでこの襲撃も謀略の結果だとは誰も思い至らなかった」。

今日においても依然として、田中の陰謀を直接的に裏づけるのは、唯一、一九五六年の田中の証言だけである。この時までに田中が自らの陰謀だと告白したことは一度もない。例を挙げる。東京裁判（極東国際軍事裁判）の開廷前後に、国際検察局が田中に対しておこなった極秘の尋問調書が残っている。一九四六年三月二二日の尋問において、田中は答えて言う。「彼〔重光（葵）駐華公使〕は、支那全土に事変を拡大することにははっきりと反対していました。上海事変がさらに悪い事態に発展しなかったのは、私が重光に協力したことによるものです。……そのとき重光は、私がその事変で果たした役割について深い謝意を表しました」。田中はここで自分の謀略が上海事変を引き起こしたと認めるどころか、早期収拾を自分の手柄のように陳述している。田中は訴追のおそれから保身に走って、上海事変の真相を語らなかったに違いない。それから約一〇年後の証言の方に信憑性があるのは明らかだろう。

日本人襲撃事件は、同時代においても不自然で奇妙な事件として目撃されていた。アメリカのジャーナリスト、エドガー・スノーはルポルタージュのなかで記している。「一月十八日、五人の日本人の僧がどうしたわけか共同租界の虹口《こうこう》地区からさまよい出て、隣接した中国地区の閘北《こうほく》へ入っていった。彼らははじめうちわ太鼓を鳴らして注目を集め、それから日本の国歌を歌ったらしい。『次第に緊張化の度を増している』と公式に発表された状況下で、これはいささか軽率な行動だった」。エドガー・スノーの観察は田中による謀略であることの傍証の一つになるかもしれない。

田中は謀略家にふさわしい経歴を持つ。西郷隆盛と豊臣秀吉から一文字ずつとって隆吉と名づけられた田中は、陸軍士官学校に進む。学科はともかく武道に優れ、大陸雄飛をめざすグループに入っていた。陸軍では中国研究に従事するものの、現地調査では「紅灯の巷《ちまた》に彷徨《ほうこう》する日」が多く、「酒色に溺れる荒れた生活」を送っていた。その田中を取り立てたのは、満州事変の首謀者のひとり板垣《いたがき》（征四郎《せいしろう》）関東軍高級参謀だった。田中に上海での謀略を持ちかけたのも板垣である（秦郁彦『昭和史の軍人たち』）。

田中の証言

上海事変が謀略だったことを示す唯一の史料とは、田中隆吉「上海事変はこうして起された」（『別冊知性 5 秘められた昭和史 12月号』河出書房、一九五六年）のことである。この文章は田中の手記の形式になっている。しかし実際にはインタビュー記事だった。インタビューにもとづいて文章化したのは、当時大学生で、のちに著名な日本近代史家となる秦郁彦氏である。田中は「終戦直後に刊行された三冊の著書や東京裁判でも口を濁していた第一次上海事変の謀略」などを語った。『別冊知性』の文章は、その時の速記メモを整理して、秦氏がまとめたものである。秦氏によるインタビューと速記録にもとづくのであれば、尋問調書の記録よりも信頼できるだろう。

この田中の証言録のなかで、重要なのはつぎの一節である。「支那課に連絡して機密費を少し出して呉《く》れと頼んだら、関東軍の連絡で、計画のあらましを知っていたらしく、課長重《しげ》藤《とう》（千秋《ちあき》）大佐、班長根本《ねもと》（博《ひろし》）中佐、影佐《かげさ》（禎昭《さだあき》）少佐等、大いに乗気でしっかりやってくれということだったが、資金の方はどうも応じ切れないという話で、正月に専田《せんだ》（盛寿《もりとし》）大尉が連絡にやって来て激励して行ったが、金の方はとうとう出ずじまいだった」。軍の機密費は自由度が高く野放図なイメージがある。しかし実際には窮屈だったことがわかる。

加えてこの証言録では田中は尋問調書とは異なって、「この際出兵すべきである旨を説いてまわった」と述べている。田中は重光に協力した火消し役ではなく、火に油を注ぐ役だった。

不穏な情勢

田中の謀略が成功したのは、謀略が巧妙だったからというよりも、その前からすでに上海における日中関係が緊張の度を高めて、沸点に達しつつあったからである。

満州事変の拡大にともなって、上海では反日運動としての日本品ボイコット運動が展開されていた。このボイコット運動が現地の日本人商工業者に及ぼす影響は深刻だった。たとえば日本の綿製品、砂糖の新規取引は絶無になった。日本人に対する米の売却も禁止された。中国商人は日本商人との電話による商談すら拒絶した（後藤、前掲書）。あるいは現地の紡績工場では操業短縮と工員の皆勤手当の廃止を余儀なくされ、これらの措置に反発するストライキが起きていた。

そこへ上海事変が勃発する。一月二九日から三一日まで上海全市で大規模なストライキがおこなわれる。租界や中国人街では「一斉に閉店し商業杜絶し電車動かず混乱と恐怖」に陥る。

排日・排日貨運動の過激化は現地居留民に内地への引き揚げを促す。二月二日に長崎丸で長崎に到着した避難民は八四八名に上る。長崎県知事は外務次官宛に九日までに一万三〇〇〇人から一万四〇〇〇人の引揚者が見込まれると報告している。

上海事変にともなう排日・排日貨運動は、上海における日本の貿易に深刻な影響を与えた。この年三月末までの過去九ヵ月間の損失の総計は推計で四一二〇万四〇〇〇円だった。

現在の貨幣価値に換算すれば約七四一億六七二〇万円である。上海事変による経済的な損失の甚大さがわかる。

現地の不穏な情勢に危機感を抱いた重光公使は、一月一二日に上海を出発、一五日に東京に着くと、外務省に赴いた。外務省幹部と打ち合わせをした際に重光は、「上海の事態の容易ならざることをつぶさに説明し、もし上海に新たにことが起これはそれは単に日華の間の問題に止まらず、日本の国際的な地位を危険ならしむると指摘した」。さらに一月一七日、重光は海軍が外務省に陸戦隊の行動の承認を求めてきたことを知る。重光は反対する。重光にとって「わずか五、六百の陸戦隊が、数万と称される中国軍と衝突すればその結果はどうなるか」は明らかだったからである。それにもかかわらず、一月二八日、陸戦隊は行動を開始し、中国第十九路軍と衝突する。重光が上海に帰着したのは、大規模なストライキのさなかの一月三一日のことだった。

「死の街」

二月二日の重光の報告電報によれば、人々は皆「『パニック』に襲われ」た。上海は「未曾有の混乱状況」に陥った。案の定、日本海軍の陸戦隊は「既に最大限度に達し之以上増員の余地なき」有様だった。日本軍は中国軍の「便衣隊」にも手を焼いていた。中国のゲリラ（「便衣隊」）の策動は、現地に「極端なる暗黒状態」をもたらした。

事件当初、海軍側は手薄だった。在郷軍人団と青年団の「便衣隊」に対する「恐怖及憎悪」は、関東大震災時の自警団の朝鮮人に対する態度と同様だった。「便衣隊」の嫌疑をもって処刑された者は、一月二九日の段階ですでに数百人に達しているようだった。なかにはまちがって外国人も入っていた。「便衣隊」は兵士なのか民間人なのか、中国人なのかそうでないのかもわからなかった。日本側は素性の知れない相手と戦っていた。

第1次上海事変（1932年1月30日。毎日新聞社提供）

軍事的な劣勢を挽回する目的で、日本軍は空爆を敢行する。状況は深刻の度を増す。重光は現地の状況を伝える。「爆弾投下は一般人心を極度に恐怖混乱せしめ外国人側の急速なる非難を招きつつあり」。日本軍を非難するようになったのは、外国人だけではなかった。重光によれば、日本人居留民も「極端なる恐怖心に襲われ海軍側を非難するもの等出て冷静を失うもの多し」という状況だった。上海は「死の街」と化した。

重光対白川

上海事変は満州事変とは本質的に異なる軍事紛争だった。二つの事変を主題とする古典的な研究の臼井勝美『満州事変』は、上海事変を「新しい戦争」と呼んでいる。万里の長城以北の「満蒙」地域は、軍閥割拠の状況が残存していた。日本軍に対する各軍閥の対応が異なっていたことによって、日本軍は「満蒙」を手に入れることができた。ところが万里の長城以南の中国の中枢部＝上海で軍事行動を起こせば、満州事変のようにはいかなかった。中国側は一致団結のうえ「新しい民族的抵抗戦」として上海事変を戦ったからである。

軍事的な劣勢と「民族的抵抗」に遭うなかで、重光は事変の収拾を急ぐ。三月三日が近づいていた。この日はジュネーヴの国際連盟で満州事変をめぐる総会が開かれる日だった。「もしこのまま戦争を続けて行けばどうなるか」。重光は自問自答する。「いよいよ日本の侵略が始まったとジュネーブの国際連盟では日本に対する制裁を発動するに違いない。そして日本は直ちに国際的に重大な局面に直面することになる」。

重光は白川《しらかわ》（義則《よしのり》）上海派遣軍司令官に掛け合う。白川は一九二八年の張作霖《ちょうさくりん》爆殺事件

（関東軍が満州を支配する地方軍閥の張作霖を爆殺した事件）のときに陸相だった。この事件の処理をめぐって白川の統制力の弱さが露呈した。重光はこのような経歴の白川に不安だったにちがいない。かつては繊維会社の鐘紡の重役室だった事務室に白川を訪れた重光は、朝の八時から停戦の必要を説得しつづける。しかし白川は重光の言うことを「黙って聞くのみで、すこしも返事をしない」。

午後一時頃になって、重光は白川に「とっておき」の一言を発する。「東京の宮中においてはさぞかし天皇陛下はこのことについて御心配をされておられるでしょう。恐縮に堪えません」。

重光の「とっておき」の一言は効果覿面《てきめん》だった。天皇の意向に逆らうわけにはいかなかった。白川は自ら宣言した。「戦争を止めます。停戦命令を出します」。それもそのはずだった。白川は上海派遣軍司令官に補される親補式（二月二五日）において、天皇から「条約尊重、列国協調、上海事件の速やかな解決を望む旨の御言葉を賜」わっていたからである。

三月三日、白川は各兵団に停戦を命令する。同日、重光は白川の戦闘行動中止声明を国際連盟宛に「大至急」扱いで打電する。「帝国臣民の安全と上海租界の平和は茲《ここ》に回復の兆を認むるに至れるを以て……戦闘行動を中止せんとす」。ジュネーヴと上海間の七時間の時差を利して、停戦命令は国際連盟の総会の開催前にぎりぎりで間に合った。白川が停戦命令を発した午後二時は、ジュネーヴでは午前六時だったからである。

松岡特使の派遣

重光が白川を説得していたとき、その場にもうひとりの人物がいた。松岡洋右《まつおかようすけ》である。なぜ政友会の衆議院議員が同席していたのか。政友会の犬養（毅）内閣の芳沢《よしざわ》（謙吉《けんきち》）外相は、二月九日に、重光に宛てて、松岡の上海派遣を伝えている。「政府は今回松岡前〔現〕代議士を貴地に派遣し外国側との接触殊に外国通信員をして成る可《べ》く誤報を伝えしめざる等其他一般的に貴官及村井《むらい》〔倉松《くらまつ》〕総領事を援助せしむることとした……同氏の資格は本大臣の個人的代表なり」。要するに松岡は、芳沢外相の「個人的代表」として、上海事変をめぐる広報外交の役割を担って派遣されていた。

松岡が特使に任命されたのは、芳沢の発案ではなく、松岡の猟官運動の結果だった。二月五日前後、松岡は芳沢を官邸にたずねる。松岡は言った。「オレが行っていろいろ奔走してやるから、君の代表にしてくれ……君の代表なら何でもいい。英語でいうならPersonal representative［パーソナル・レプレゼンタティヴ］だ」。芳沢は同意した。「それなら君に一つご苦労をかける」。こうして松岡の特使派遣が決まった。

上海に向けて出発する前の二月八日、松岡は天皇に拝謁している。外相の個人的代表という資格では拝謁は適わない。関谷《せきや》（貞三郎《ていざぶろう》）宮内次官の取り計らいによって、この日、御前講話をすることで拝謁に代えることになった。題目は「日満関係と満蒙外交史の一班」だった。講話後、松岡は「今日においては張学良《ちょうがくりょう》との提携は不可能にして、満洲新政権との親善についても困難である」と述べた。さらに「日支親善の見通しについて」の下問に対しても同様に、松岡は「困難と思考する旨」を奉答した。

松岡の伝記は、特使派遣に関心を示した天皇の発意で拝謁が実現したと推測している。天皇は翌九日、坂西《ばんざい》（利八郎《りはちろう》）陸軍中将にも同様に「日支親善の見通し」を下問している。日中関係の改善を求めていた天皇が松岡特使の派遣に関心を持っただろうとの推測は、的を射ている。

市場としての満蒙

気になるのは松岡の奉答である。日中親善が困難になった直接の原因は満州事変だった。満州事変を先取りするかのような「満蒙は日本の生命線」との議会演説をおこなった松岡は、責任を転嫁しているのではないか。このような疑問に対して、一九三一（昭和六）年一月の「満蒙は日本の生命線」演説の趣旨は、日中「提携」による「満蒙」の経済開発だったことを確認したい。松岡はこの演説で本土の過剰人口のはけ口としてではなく、市場としての「満蒙」を重視している。なぜならば「満蒙」は原料供給地であると同時に、日本製品の主要な輸出先の一つだったからである。

松岡はこの年五月のラジオ放送演説でも対「満蒙」経済アプローチの重要性を強調している。「私は決して領土的に之を取れなどとは云うのではなく、ただ我が製品の市場として、経済的の意味に於て之を確保しなければならない」。松岡は断言する。「要するに満足なる満蒙の開発と安定とが、やがて東亜全局の安定を保証するものであって、満蒙問題の解決の出来ざる限り東亜全局は動揺不安を免れぬのであります」。

一月の演説に戻ると、ここで松岡は日中親善を強調している。「真に衷心より彼等の利益を増進せんとして居る点に於ては何人にも譲るものでない。例えば支那に於ける治外法権撤廃、関税増収等に就いても、日本人で最初にこれを唱えたものは私であったと思う」。不平等条約改正の最初の提唱者が松岡だったかどうかはともかく、松岡が対等な日中関係を求めていたことはまちがいなかった。

そこへ満州事変が勃発する。日中親善を唱えていた松岡は落胆する。「外交は完全に破産した。……東亜の大局を繫ぐ力もない。休《やん》ぬるかな」。

以上の経緯を踏まえれば、満州事変によって日中親善が困難になったとする松岡の基本的な立場に矛盾はなかった。「満蒙は日本の生命線」演説によってあらかじめ満州事変を正当化していたという従来の松岡像はまちがいだった。

上海の松岡

松岡が上海に到着したのは、二月一八日である。南京路のキャセイ・ホテルで荷解きをしたあと、松岡は重光公使や村井総領事から現地の情勢などを聞く。一〇階建てのサッスーンハウスの五階から一〇階までがキャセイ・ホテルになっていた。この建物はイラク出自のイギリスのユダヤ人富豪ヴィクター・サッスーンによって一九二九年に建てられたものである。キャセイ・ホテルはピラミッド型の屋根が目を引く。上海でもっとも名門のホテルで、各国の外交官の宿泊先になっていた。

松岡は能弁家としてよく知られていた。重光は言う。「松岡君に会って話をする人は、おそらく松岡君の十分の一も話す機会を与えられない。大部分は松岡君ひとりでしゃべってしまう」。

ところが松岡が上海に来て一週間ほどは勝手がちがった。ほとんど口をきかなかったからである。重光の表現を借りれば、「松岡君が口をきかないというのは奇蹟のようなものであった」。松岡はキャセイ・ホテルに居留民会長や日本の商社の代表などを招き、黙っ

1932年3月4日
停戦問題の協議（左から、重光葵、白川義則、松岡洋右、村井倉松。朝日新聞社提供）

て彼らの意見を聴きつづけた。

他方で松岡は二月二二日に、イギリスのJ・F・ブレナン総領事を訪問する。上海事変の収拾の鍵を握っているのはイギリスだったからである。松岡はイギリスのほかに米仏伊各国公使も訪問する。松岡は海軍の野村《のむら》（吉三郎《きちさぶろう》）第三艦隊司令長官にも会っている。

これらの情報収集と各方面との接触を経て、さきにみたように、三月三日、松岡は重光とともに白川を説得し、停戦命令に漕ぎ着けた。

停戦命令をもって松岡の役割が終わったのではなかった。つぎは停戦協定交渉だった。列国の権益が錯綜する上海での停戦協定交渉では、列国の監視の下、中国側と日本の軍部とのあいだで妥協点を見出さなければならなかった。松岡は停戦協定をめざして奔走する。

巨額の機密費

上海での松岡の活動は機密費が支える。機密費がなければ十分な活動はできなかった。交渉すべき相手は多かった。中国をはじめとして、英米仏伊の各国、それに日本の軍部とも交渉しなければならなかった。

三月から四月にかけての約一ヵ月間に松岡が公使館から交付された機密費は、二〇〇〇銀弗（三月二一日）、一〇〇〇銀弗（三月一八日）、二〇〇〇銀弗（三月三一日）、三〇〇〇金円（三月三一日）、五〇〇〇金円（四月八日）、総額で五〇〇〇銀弗と三五〇〇金円になっている。金一円＝一・五五銀弗の為替レートで換算すれば、総額約六七二六円に達する。

一九三一（昭和六）年度のハルビン総領事館の機密費の年額が約三三二五円だったことと比較すれば、松岡に交付された機密費がどれほど巨額だったかは容易に推測できる。ハルビン総領事館の年額の約二倍を一ヵ月分、一ヵ月単位では約二四倍もの機密費を得ていたことになる。

松岡が受領した機密費は領収証がそろっている。たとえば一九三二（昭和六）年三月一三日の領収証は「領収証／一．銀弐千弗也／右正に領収候也／昭和七年三月一三日／松岡氏代／堀内干城《ほりうちたてき》〔堀内の押印〕」となっていて、堀内書記官が代理で受領していた。

三月一八日の一〇〇〇銀弗の領収証は、受領者名が「松岡洋右／重光公使代理〔重光のサイン」」となっている。三月三一日の二〇〇〇〇銀弗と同日付の三〇〇〇〇円の領収証も同様である。

四月八日の五〇〇〇円は「松岡洋右代・田場盛義《たばせいぎ》」となっている。松岡の代わりに代理受領した田場とは、沖縄出身の外交官で、松岡の秘書だった。

この五〇〇〇円をのぞいて、すべての直接の受取人は上海の公使館（重光や堀内）である。松岡が重光の公使館と一体になって活動していたことは明らかだろう。

松岡の情報収集活動

機密費は領収証があるからといっても、どのような効果があったのかを具体的に見極めるのはむずかしい。それでも機密費が以下のような松岡の活動を支えていたと推測してまちがいないだろう。

三月七、八日、停戦協定の斡旋の促進を求めて、松岡は英米仏伊の各国公使と懇談する。その際の列国の態度と印象はつぎのとおりだった。

第一に日本は中国に対して軍事的に決定的な打撃を与えて威力を示し、居留民と租界に対する脅威を除去するという主要な目的を達したのだから、これからは「寛大なる態度」に出るのが賢明である。

第二に日本軍の撤退後の安全保障の確保は「各国混合軍隊」に依るのが望ましいものの、賛成を得られそうにない。

第三に日本軍の撤退後の区域に中国兵の侵入を禁止することは、「道義的圧迫」を加える以外に具体的な案を得られない。

第四に円卓会議の開催に中国側を同意させるのは可能かもしれない。しかし円卓会議の効果は「甚だ疑を存す」。

第五に中国が参加を拒否した場合、中国を除いて円卓会議を開催するのも一案ではある。しかしそれでは英米が賛成する見込みはない。

これらの五点が示しているように、停戦協定の成立には日本側の譲歩が必要だっただけでなく、欧米列国が出席する多国間の国際会議（円卓会議）で停戦協定交渉をするのもむずかしかった。

以上を踏まえて、松岡は報告する。「在留外人の間に将来の安全を確保する具体案を建てしめ之に依り漸次我目的を達する方面に進ましめん事」は、英米公使との談話から得た印象では「望みなし」。

松岡の報告はその後の情勢を言い当てていた。

上海のキャセイ・ホテル（1941年。朝日新聞社提供）

上海の最高級ホテルが「御用達」

機密費は広報外交にも用いられている。松岡の任務の一つは広報外交だった。つぎの事例は松岡の出席を直接たしかめることができないものの、場所がキャセイ・ホテルだったことから、公使館と松岡の連携によっておこなわれたものと推測できる。

さきの松岡の報告電報の翌九日、日本公使館はキャセイ・ホテルに外国人記者二〇名を招待している。上海事変をめぐって日本の立場を説明することが目的だったはずである。

機密費による支出額は二九〇・四ドルだった。キャセイ・ホテルは領収証を発行している。明細はつぎのとおりである。シガレット・シガー四六・五ドル、ウイスキー一五七ドル、カクテル二四ドル、ソーダ五・六ドル、レモネード二・四ドル、ジン四ドル、残余はボーイのチップ代。この領収証への追記を読むと、食事代は別の費目から支出されたようである。

上海の最高級ホテル、キャセイ・ホテルは、公使館の「御用達」だったようで、このほかにも二月二三日の二つの領収証（二五八・七ドルと一一・七ドル）がある。

「絶対極秘」情報の漏洩——対軍部関係

松岡は米英仏伊との交渉や広報外交ではある程度の成果を上げたのかもしれない。しかし対軍部となると、勝手が違った。イギリスの艦隊司令長官の斡旋で、日中両国の関係者は昼食をともにする機会があった。日本側の出席者は野村司令長官と重光公使、あるいは松岡が指名された。出席したのは重光ではなく松岡だった。

重光によれば、「その会食には松岡君が出席して顧維鈞《こいきん》と時局収拾につき話し合った。いずれも権限外の人であるので、具体的な結論は得られなかったが、連絡にはなった」。外交官出身の政治家の顧維鈞は、卓越した外国語能力を駆使して、中国の国際的な地位の向上に努めていた。

ところが後日このことが陸軍側の知るところとなった。「陸軍側代表のいないところで勝手な話し合いをやった松岡君の行動は統帥権の干犯であると陸軍側を激昂させた」。

以上の経緯は重光の回想録からの再構成による。同時代の史料によって補正の必要がある。

一九三二年二月二九日に重光が東京の外相宛に報告した電報によれば、会談は二月二九日の午後七時から二時間おこなわれた。この電報は「大至急極秘」となっていただけでなく、「本電は絶対極秘とせられたし」と念押ししている。重光の回想が示唆する以上に重要な会談だったことがわかる。

会談の主要な論点は、二〇キロメートル以内の区域から、相互的かつ同時に、どのような順序で撤退するのか、撤退を保障する手段は何か、ということだった。日本側はこれらの点に対する中国側の回答をイギリス経由で求めた。

さらに三月一日に本省から「現地停戦交渉に対する方針」を手にした松岡は、二日後、その英訳文を携えて、野村とともに、さきのイギリスの旗艦ケント号に赴き、H・ケリー司令長官に手渡している。

松岡と野村の連携に乱れはなかった。それなのに「絶対極秘」の内容が漏洩した。松岡は外にだけでなく内にも情報が漏洩しないように努めなければならなかった。

上海の国際スパイ戦

上海での諜報戦はどのように展開されていたのか。楊国光『ゾルゲ、上海ニ潜入ス』に依拠して、概略を記す。

ロシア生まれのドイツ人リヒャルト・ゾルゲはドイツ共産党入党後、コミンテルンのスパイ活動に従事する。ゾルゲが上海に到着したのは一九三〇年一月三〇日である。ゾルゲは情報網を構築する。その数は約一〇〇人で、モスクワからの派遣者と日本人協力者で構成される国際組と中国人の共産党員を中心メンバーとする中国組にわかれていた。そのなかにはアメリカ人の女性ジャーナリストのアグネス・スメドレーや東京朝日新聞社の上海支局に勤める尾崎秀実《おざきほつみ》も入っていた。

メンバーに与えられた仕事は、十数種類の新聞を読んで、中国国民党の軍事・政治・経済・文化を分析することだった。報告の資料は暗号化されてハルビンまたは香港経由でモスクワに送られた。

ゾルゲ自身もドイツ軍事顧問団や武器密輸業者と親しく交わり、欧米列国の対中国政策や中国国民政府の情報収集と偵察に全力を挙げていた。ゾルゲはその分析結果から、中国国民政府がいずれ英米側につくこととアメリカがイギリスに代わって太平洋の覇権国になることを見通していた。

上海では列国もスパイ戦をくりひろげていた。その大きな事件が一九三一年六月一五日に起きる。この日、イギリス警察は上海の共同租界でふたりのコミンテルンのスパイを逮捕した。逮捕時にふたりは、東アジア、東南アジアに国際諜報と革命運動のネットワークを拡大するのに用いられた暗号化された手紙や電報、報告書などを押収された。ふたりは翌年八月、中国の法廷で死刑を宣告される。上海の国際スパイ戦は熾烈な戦いをつづけていた。

上海事変下の公使館

他方で事変下の上海の公使館も多忙をきわめていた。機密費の使途も多種多様だった。一九三二年二月から三月の二ヵ月間で、公使館の機密費の支出は四四項目あった。そのなかで目を引くのは諜報費である。一〇件に上る。合計三四五〇銀弗は総額の一万四一九二銀弗の約二四パーセントに当たる。諜報者は日本人だけでなく、「ラント」や「呉蒼」などの名前があるように、外国人もいた。

諜報費にも領収証がそろっていたことはいうまでもない。領収証はたとえばつぎのような形式である。「領収証/一、銀五百弗也/諜報費トシテ内藤順二氏渡ノ分/右正ニ領収候也/昭和七年三月四日/林出賢次郎《はやしでけんじろう》〔ローマ字でサイン〕」。外国人名の場合も「銀二百五拾弗也/ラント渡諜報費として」となっていて、受領者は「井口貞夫《いぐちさだお》」の名前と押印がある。共通するのは、諜報者に直接、渡しているのではなく、在外公館の外交官が受領しているることである。諜報費の特殊性ゆえのことだろう。

上海事変が拡大するなかで、諜報者に求めたのは軍事情報だったに違いない。例を挙げる。三月一〇日に村井総領事が「諜報者の情報を綜合」して本省に送っている。この報告電報にはつぎの一節が含まれている。「蔣は十九路軍が蔣の命を聴かず勝手に戦争を起したるものなれば之が収拾は自ら為すが当然なりとて取合わざる由にて十九路軍としては……結局土匪軍と化するか共産軍に投ずるの外無かるべく……蘇州は目下非常に動揺し居る趣なり」。現地の中国軍（十九路軍）は蔣介石の命令に背いて勝手に日本軍と戦っている。上海事変を収拾するのは十九路軍の責任である。蔣介石はそのように言って十九路軍を突き放した。蔣介石の信任を失った十九路軍はゲリラ軍になるか共産党軍に投じるほかない。現地情勢は動揺している。以上のような諜報者からの情報は、停戦が近づく一方で、ゲリラ戦化するおそれを示唆していた。

軍部との円滑な意思疎通のために

この二ヵ月間の公使館の機密費のなかで、松岡宛をのぞいて一回の支出額が高かったのは、三月一六日の七二六・二〇銀弗で、陸海軍をアスター・ハウス・ホテルに招待した費用である。アスター・ハウス・ホテルの請求書からどのような招待宴席だったかを推測できる。請求書には食事代、タバコ・シガー代はもとより、ルームサービス代、電話代、自動車代、光熱費まで多岐にわたる。

これらのほかにティーパーティ（Tea Dansant）チケット代が含まれている。あるいはミニゴルフ（Wee Golf）代というのもある。ティーパーティはイギリスが発祥地である。午後の音楽の演奏をともなうパーティは、イギリス海軍が寄港地で催すようになっていた。このチケット代もそのようなティーパーティへの参加費だったようである。ミニゴルフの項目があるのもイギリスの接待様式を模したつもりかもしれない。大規模な招待宴席だったことはまちがいないだろう。

少額ではあっても、目につく支出として、四月九日の公使館の二〇円がある。使途は「海軍野球戦に対する寄附」だった。上海総領事館もこの「海軍野球戦」に寄付している。金額は一〇円だった。こんなことにまで機密費を支出するのかと呆れることも、ここまでしてでも対軍部融和を図っていたのかと解釈することもできる。

松岡や重光、村井らが停戦協定の成立に漕ぎ着けるには、軍部との調整が不可欠だった。軍部との円滑な意思疎通によって合意形成をめざすには、これらの支出は必要な経費だったというべきである。

上海事変の戦禍

この二ヵ月間の機密費の支出項目は、上海事変の戦禍を裏書きしている。公使館の支出項目で慰霊祭の費用が頻出するからである。たとえば三月一五日付の重光宛の葬儀社「白蓮社」の明細書は、陸軍歩兵第三五連隊の慰霊祭の花輪（「大花環」）代二〇銀弗と記されている。

つぎのような領収証もある。「領収証／一金　五拾円也／但上海事変戦死者に対する弔慰金／右領収候也／昭和七年三月十七日／佐世保海軍人事課／上海総領事　村井倉松殿」。機密費は弔慰金としても支出されていた。

公使館支出の機密費のなかには、三月二九日付の「公使官邸　仏国兵士警備員　食料」七九・二〇銀弗というのがある。明細には「仏兵及警備員茶菓子」二銀弗、白米二〇〇ポンド一九銀弗、ロース牛肉五・五〇銀弗などとなっている。

同様の費目はほかにも二月一七日の四七・七五銀弗、あるいは二月一八日の「煙草代」一三銀弗などがある。

これらの機密費の支出は、上海事変下の公使館の警備をフランス軍兵士に依存しなければならないほど、日本軍が劣勢に陥っていたことを間接的に伝えている。フランス軍兵士が協力した背景には、中国に対する帝国主義国として日仏間に共通性があったからである。日仏両国は中国の領土に租界を持っていた。中国人と混住することなく自らの居住と貿易の権利を確保する目的で設置した租界は、中国から見れば自国内にある外国の領土だった。日仏は租界を維持することに共通の利害関係があった。

停戦協定交渉

そうだからこそ停戦を急がなければならなかった。三月三日の白川軍司令官の戦闘行動中止声明は、国際連盟との関係でぎりぎり間に合った。

問題はこれからだった。停戦協定交渉は、松岡の情勢報告の予見どおりに進む。円卓会議構想は座礁する。芳沢外相は三月二〇日に、停戦協定の成立と同時に円卓会議を開催するように指示している。対する翌日の重光の報告によれば、円卓会議の開催を「停戦交渉の条件となすが如き形にて是を取付くることは不可能」だった。

難局を打開したのはイギリスの仲介である。交渉は三月一四日にさかのぼる。この日、M・ランプソン公使の斡旋によって、英米仏伊の四ヵ国の公使が列席するなかで、日中の非公式会見がおこなわれた。討議の結果、停戦協定の基礎案を得る。三月二四日には正式な停戦会議の開催に至る。

この間、日本側では外・陸・海三省協議の結果、三月二二日に停戦協定の日本案が作成される。日本側はこの案で正式会議に臨むことになった。

三月二四日の正式会議において、英米仏伊の四ヵ国の公使・武官の同席のもとで、日中交渉が始まる。他方で翌日から正式会議と並行して、日中両国の軍事専門家によって構成される小委員会が開催される。

日中両国は相互に譲歩して歩み寄る。しかし最後まで妥協点を見出せなかったのは、日本軍の撤収時期だった。中国側は撤兵時期の明示を求めた。日本側は応じなかった。この問題で中国側が譲歩することはなかった。ランプソン公使の仲介にもかかわらず、交渉は行き詰まる。

交渉の場は現地からジュネーヴの国際連盟に移る。国際連盟側は停戦の条件を具体的に規定する決議案を作成する。中国は賛成した。日本は反対だった。日本軍の撤収時期を共同委員会に委ねたくなかったからである。

難局を打開したのはランプソン公使だった。

ランプソンは四月二五日、現地で中国側の説得に成功する。国際連盟の当初の決議案は緩和された。この案には日本側でも翌二六日の外・陸・海の三省協議の結果、同意することに決定した。陸軍の強硬論に対して、海軍の「大局上より成るべく速決を図るを可とする見地」が優先されたからである。

天長節爆弾事件（1932年4月29日、上海新公園。朝日新聞社提供）

天長節爆弾事件

こうして停戦協定の成立が接近してきた時に、事件は起きた。四月二九日、上海の新公園で天長節（天皇誕生日）の祝賀式が開催されていた。小雨が降るなかで君が代の合唱が終わろうとした時、「爆弾！」「二発目がくるぞ！」と叫ぶ大声がした。君が代を歌いつづけた式台の上の重光のそばで爆弾が破裂した。重光、村井、白川、野村ら出席していた日本人が重軽傷を負った。重光は片足を失った。爆弾を投じたのは朝鮮独立党員の尹《ユン》奉吉《ボンギル》だった。「朝鮮人の奴、こんなことを仕でかしやがって」。周囲の興奮状態のなかで、重光は「爆弾犯人が朝鮮人であることを知り、事件が甚だ限定せられ得べきものだと思って、むしろ一安心した」。

事実、この天長節爆弾事件にもかかわらず、停戦交渉は進捗する。その背景には重傷を負いながらも、停戦を求める重光の強い意志があった。上海事変は「名誉の終局を告げることが国家将来の大局上絶対に必要である」。重光の信念に揺らぎはなかった。満州問題の前途多難が予想されるなかで、停戦協定も成立しないということになれば、日本の国際的な立場が危機に瀕するのは明らかだった。五月五日に四ヵ国の公使が同席するなかで、日中両国代表は停戦協定に署名する。

この事件で重傷を負った白川司令官は翌月、亡くなる。上海の公使館は五月三〇日に「故白川大将に贈呈の花環代」として、三〇銀弗を機密費で支出している。こうして上海事変は終結した。

第Ⅳ章　リットン調査団をめぐる接待外交

リットン調査団への日本の期待

一九三二(昭和七)年三月三日、上海で白川(義則)軍司令官が停戦命令を発したとき、東京では宮中午餐会が開かれていた。招待されていたのは、リットン調査団の一行である。

前年の一二月一〇日の決議によって、国際連盟は満州事変に関する現地調査団の派遣を決定した。メンバーは団長のヴィクター・リットン卿(イギリス)、アンリ・クローデル将軍(フランス)、アンリ・アルドロヴァンディ伯爵(イタリア)、ハインリッヒ・シュネー博士(ドイツ)、フランク・マッコイ将軍(アメリカ)の五名である。

当初、調査団は英仏米の三ヵ国で構成される予定だった。そこへイタリアが割り込む。ドイツも参加を求める。こうしてリットン調査団は、紛争当事国の日本をのぞくすべての国際連盟理事国とアメリカ、ドイツの五ヵ国で構成されることになった。

人選に関して、イギリスは法律家、フランスは軍人、アメリカは実業家を求めた。候補者が複数挙がる。しかし数ヵ月にわたる現地調査を含む重い責任を引き受ける適任者は少なかった。苦心の末に五名が選ばれる。

法律家はリットン、軍人はクローデル陸軍中将とマッコイ陸軍少将、シュネーは政治家、アルドロヴァンディ伯爵は外交官だった。五人に共通するのは植民地行政の経験があったことで、日本側の期待もそこにあった。関東大震災の際にアメリカの慰問使として来日したマッコイは、日本人の知り合いが多かった。

この委員会には日中両国から一名ずつ、参与委員（assessor）として参加している。日本からは吉田《よしだ》（伊三郎《いさぶろう》）駐トルコ大使、中国からは顧維鈞だった。このほかに専門調査員やタイピストなどあわせて、リットン調査団は二八名で構成された。

1932年2月29日、東京駅に到着したリットン調査団（朝日新聞社提供）

調査団の一行は二月二九日に横浜に着く。翌三月一日、満州国が建国を宣言する。リットンたちが宮中午餐会に招かれたのは、その二日後のことである。

日本の新聞の報道はリットン調査団を歓迎している。

たとえば『東京朝日新聞』の記事「委員も随員も／優れた人々／支那調査委員会設置の／提案者

は日本自身」（二月二五日・夕刊）は言う。「委員といい随員といい日頃から敬服していた人々や今度新たに近づいてその優れた人物に感心する人々ばかりだ、よくもこれだけの人材を集めたものだとの感が深い」。この新聞記事は強調する。「これ〔リットン調査団〕は決して聯盟が差出がましく任命して日本に押つけたものではない、調査委員会の設置を最初に提案したのは実に日本自身である」。

同じ紙面の下の「今日の問題」欄は「頼もしきは聯盟調査委員の名士ぞろい。その透徹した理解と観察と公正な報告によって、日本と満蒙との正しき本体は、はじめて世界に伝えられよう」と記している。リットン調査団への期待は大きかった。

横浜港に着く当日付の『東京朝日新聞』は、「聯盟調査委員／きょう入京／夢見る面持で／日本趣味を語る／上陸前夜の船上で／打寛ぐリットン卿」の見出しの記事で報じている。この記事によれば、一行は朝六時に横浜港に入港し、帝国ホテルに向かうことになっていた。

別の新聞も同様である。『東京日日新聞』は、到着直後の様子を「国際的お目付役／支那調査員来る／裃をぬいだ委員長の第一声／『ああ日本は美しい』」との見出しの記事で報じている。

五人の委員は実務家としての高い能力を持っていた。彼らは日中両国に対して、公正・公平・中立の立場から調査をおこなう意志が強かった。太平洋をわたって日本までの二週間あまりの船旅においても、彼らは極東への理解を深める目的で、さまざまな著書や新聞を読み、調査の準備に余念がなかった。このような予備知識を得て彼らが横浜に着いたのは二月二九日だった。

宮中午餐会

三月三日の宮中午餐会の様子は、『昭和天皇実録』とシュネーのリットン調査団同行記によって再現できる。

正午過ぎ、千種ノ間において、一行は軍服姿の天皇と洋装の皇后に謁見する。その後、午後零時三〇分から豊明殿で午餐会が開かれる。出席者はほかに軍服姿の秩父宮《ちちぶのみや》（天皇の弟宮）、洋装の秩父宮妃、同じく軍服を着用した朝香宮《あさかのみや》（久邇宮《くにのみや》朝彦《あさひこ》親王の第八皇子の朝香宮鳩彦《やすひこ》王、陸軍軍人）と洋装の朝香宮妃だった。さらに芳沢（謙吉）外相をはじめとして一八名が陪食した。その後、牡丹ノ間においてコーヒーが供された。

シュネーによれば、「食事は和気藹々《あいあい》のうちに進められた」。食事のあとの牡丹ノ間での会話ははずんだ。シュネーはドイツ語が堪能な朝香宮と話し合った。天皇・皇后にはそれぞれ男女の通訳がついた。秩父宮妃と朝香宮妃は英語で話した。シュネーは社交的な皇族の女性方に接して、「古来のしきたりから離脱し、西ヨーロッパ的、近代的な婦人の地位に向かって成長しようとしている」と記している。

二日後の夜、今度は永井《ながい》(松三《まつぞう》)外務次官が一行を宴席に招く。以下でシュネーの見聞記に依拠して当日の様子を記すのは、日本の宴会外交の効果がどの程度あったかを推測するためである。

シュネーのみるところ、楽しんでいるのは日本人の方だった。「宴席で日本の紳士はあちこちで腹を抱えて笑っており、芸者と語りあって大変楽しそうであった。ふだんは山高帽にフロックコート姿の謹厳な紳士も、芸者の相手をするときはまったく楽しい肩の凝らない気分にひたっているとの印象を受けた」。

対するシュネーたちはどうだったか。彼らは芸者の話す日本語がわからなかった。芸者は「サンキュー」とだけ言う者が数名、「ダンケシェーン」と言ったのはひとりだけだった。通訳してもらったところ、「上品なお世辞をいっているだけという印象を受けた」。

シュネーたちが心から楽しんでいる雰囲気は伝わってこない。ほかの接待外交も同様だったとすれば、効果のほどは限定的だったようである。

重要だったのは、いうまでもなく宴会外交よりも正式な場での交渉だった。調査団は芳沢外相と五回、会談をおこなっている。リットンは満州問題の解決策を打診する。リットンによれば、解決策は三つあった。第一は日本による満州の合併、第二は国際管理、第三は自治政府である。日本は「満州に領土的な野心はない」と言明している。第一の選択はなかった。リットンは第二の選択の可能性を芳沢に問う。芳沢の答は否定的だった。それならば第三の選択しかないとリットンは述べた。調査団の報告書はこのような論理構成になることが予想された。

上海の接待外交

日本を発ったリットン調査団が上海に着いたのは、三月一四日である。シュネーの目に映った上海は「上海事変の余波が強く残っていた。ほとんどすべての商店が表の鉄製のとびらを閉め、小さな出入口だけ開けてあった」。一行が到着したとき、すでに戦闘中止が発令されていたものの、停戦協定はまだだった。

上海総領事館は三月二五日に、機密費三二四・七〇銀弗を費やして、一行を宴席に招く。場所は高級料亭の「六三亭」だった。六三亭が発行した領収証によれば、「聯盟調査員一行十二名招待」の内訳として、料理一五名分、日本酒・ウイスキー、煙草などのほかに芸妓と芸妓の車賃九名分と記されている。この宴席は日本で永井次官が主催したときと類似している。調査団一行がこの接待を楽しんだかどうかはわからない。

三月二三日に重光（葵）公使主催の宴席の方ならば、調査団の一行も楽しんだかもしれない。機密費で支出した一五一三・四〇銀弗は、この年の在中国公館がリットン調査団関連で一回に支出した費用の最高額である。会場は上海の最高級ホテルのキャセイ・ホテルだった。ホテルの請求書「聯盟調査委員一行五十人分」の明細には、夕食五〇人分（単価一二銀弗）をはじめとして、カクテル一一二杯分（単価一銀弗）だけでなく、クルトン一五〇個（一五銀弗）まで載っている。純欧風の会食だったことはまちがいない。そうだとすれば、一行もこちらは楽しんだのではないか。

リットン調査団は中国各地を訪れる。行く先々で日本側は一行を接待する。四月一五日には錦州領事館が機密費から四〇円を支出して、五名を招待している。チチハル領事館のように、「国際聯盟委員接待煙草代」四三円を計上している例もある。

ハルビン総領事館は費目が多い。「聯盟調査団饗応費」一三〇・四一円や「国際聯盟調査団会見用シャンペン代」二二〇・五一円だけでなく、「国際聯盟日本側饗応費」三一六・九五円および「国際聯盟日本参与員饗応費」が八七・二〇円と七四・四〇円の二件ある。このようにリットン調査団の吉田（伊三郎）駐トルコ大使らの日本側随員にも機密費による接待があった。

新京総領事館はヤマトホテルで接待している。費用は六一・九〇円だった。奉天総領事館は一六二・八〇円である。

天津総領事館は接待費とは別の費目を機密費で支出している。それは満州事変にともなって天津で起きた日中の軍事衝突事件、天津事件に関することだった。「天津事変に関し聯盟調査団へ報告材料提供謝礼」三三・三〇円や「天津事変関係書英訳謝礼」一五円、「写真代(聯盟調査団へ提供材料)」三一・一一円などがそうである。「排日写真代(聯盟へ報告)」一・五〇円も同様だろう。リットン調査団に対して、日本側の立場を説明する材料も機密費で支出されていたことになる。

このほかに新京総領事館が「聯盟調査員警戒警察官吏慰労のため」寿司の代金四八円を支出している例もある。リットン調査団に対する警護は満州国入りしてから格段にきびしくなった。その理由はあとで述べる。

リットンと重光の意見交換

以上のような機密費の支出を背景にしながら、日本の外交当局者は、リットン調査団との交渉をおこなう。

すでに機密費の支出項目として説明したように、三月二三日に重光公使主催の晩餐会がキャセイ・ホテルで開かれた。以下に引用するのは、その時のリットンと重光の意見交換の様子である。

リットンは言う。「無政府状態」に陥っている中国を立て直し、統一と繁栄に向かわせ、条約を守り責任を負う中国が現われ出れば、日本の希望も達成されるだろう。このような目的のために国際連盟が中国を援助することは、日本の希望に副《そ》うのではないか。

対する重光は答えて言う。理論としてはそのとおりである。しかし実現は困難だろう。なぜならば中国が国際連盟による技術的な援助を対外宣伝に使っているからである。重光は中国国民政府の欧米派が国際連盟の技術援助を政治利用することで、「親日派」に対抗するのを嫌った。重光は言った。国際連盟が技術的な援助を目的として顧問を派遣しても、中国を救う望みはない。このように断言したのは、欧米派を牽制し「親日派」とのあいだで漸進的に関係改善を図ることが重光の外交戦略だったからである。

以上のようなリットンと重光のやりとりがおこなわれたのは、上海の最上級ホテルの宴席でのことだった。他方でホテルの内外では緊張がつづいていた。この点に関して当時の状況がわかる史料を引用する。

伊藤《いとう》（述史《のぶふみ》）国際連盟帝国事務局次長は、この肩書からもわかるように、日本の国際連盟外交の中心的な人物だった。一九〇九（明治四二）年に東京高商（現在の一橋大学）卒業後、外務省に入省した伊藤は、一九二七年にこの役職に就く。満州事変が勃発すると、ジュネーヴで帝国代表代理として、一方では日本の立場を主張しながら、他方では国際連盟と折り合いをつけることに努める。伊藤はジュネーヴからシベリア経由で帰国する。リットン調査団よりもさきに上海に向かい一行を迎え入れる。さらに重光たちの支援に入る。伊藤が上海に着いたのは三月一日だった。キャセイ・ホテルに投宿した伊藤によれば、「日本人に対する支那人の態度というものは非常に険悪」で、ホテルの「ボーイ共の態度でも我々に対しては変であったのみならず、当時は外へ出ると必ず暴行を加えられるという風説が一般」的だったほどである。キャセイ・ホテルから総領事館までは徒歩で一〇分位の距離も、自動車を使わなければならなかった。リットン調査団との交渉がおこなわれたのは、事変が終わっていない上海においてだった。

認識のギャップ

キャセイ・ホテルの晩餐会でリットンと重光はこのほかの論点をめぐっても意見交換をおこなっている。その要点は別の報告電報からわかる。伊藤述史は三月二六日に調査団書記長R・ハースとキャセイ・ホテルで午後、二回にわたり会談している。この報告電報によれば、意見交換の要点は「去る廿三日重光公使開催の晩餐会に於て隣合いの『リットン』卿より重光公使に対し談話せる処と殆ど同様」だった。

具体的な論点のうちの一つは満州国の安全保障問題だった。ハースはこの問題に関して日本が何を求めているのかを問う。伊藤は答える。満州の国防は日本が責任を持つ。満州の三、四ヵ所に日本軍を駐留させる。ハースはこの答に不同意だった。日本の駐兵権を認めてしまえば、満州は日本の傀儡《かいらい》国家になるからである。代わりにハースは日満間の「不侵略条約」あるいは「相互援助条約」案を示した。この案ならば安全保障政策をめぐる日満間の対等性が担保される。対する伊藤は実行困難である旨の理由の説明に努めた。しかしハースは引き下がらず、「御研究願いたしと繰り返し述べた」。

もう一つは三月二三日のリットンと重光のやりとりと同様に、中国に対する国際連盟による技術協力の問題である。リットンと同じくハースも中国の秩序回復を目的とする国際協力に日本も参加する可能性を打診した。対する答も重光と同様だった。参加は困難である。伊藤はそう答えた。

このようにキャセイ・ホテルを舞台にした豪華で贅沢な晩餐会にもかかわらず、そこではリットン調査団と日本側とのあいだで、合意形成に向かうどころか、埋めがたい認識のギャップが露呈する結果になった。

以上の二つのほかにも問題があった。伊藤にはリットン調査団は、中国を訪れる前までならば、事件の解決策を考えるだけで、過去の事実に深入りする意図がないようにみえた。

ところが中国側関係者から話を聞くうちに、リットン調査団は明治時代にさかのぼって日本の大陸政策の歴史を調べなければ解決できないと考えるようになった。日本側からすれば、リットン調査団は公平・公正・中立から中国寄りに傾きはじめたことになる。

このようなリットン調査団の基本姿勢の変化は、満州の安全保障問題や国際連盟の対中国技術援助問題以上に、日本にとって大きな問題となった。

顧維鈞の満州国入国問題

それでも日本側はリットン調査団への期待を持ちつづける。この点に関連して、四月一八日の北平発の「至急極秘」電報がリットン調査団に対する観察を記している。

この報告電報によれば、満州国の問題をめぐって、「常に我方に有利なる態度」をとっていたのは、フランスのクローデルだった。イタリアのアルドロヴァンディは「時々親日態度を表示」した。対するアメリカのマッコイは「我方の政策を批評」した。リットンは「公平の態度に出でんと努め」ていた。総じてマッコイをのぞく委員は「我方に有利なる形勢なりしと言う」状況だった。

ところがその後、調査団の随員のひとり顧維鈞の満州国入りをめぐって、形勢は悪化する。満州国側が顧維鈞の入国に反対したからである。この問題が起きたことによって、各

奉天駅に着いた調査団（右から森島守人、クローデル、リットン、シュネー、顧維鈞、吉田伊三郎。1932年4月21日。朝日新聞社提供）

委員は日本側に対して苛立つようになった。公平な態度をとっていたリットンも「頗《すこぶ》る不満足の意を表示」した。

それでも満州国側は強硬だった。満州国を偽国家と非難する中国国民政府の顧維鈞の入国を許すことはできなかった。対する日本側は調査団に便宜を図ろうとした。この問題をめぐって、日満両国は「正面衝突の奇観を呈するに至る」かのようだった。

結局のところ満州国入りのルートをふたつに分けることで、調査団は北平から奉天に向かうことになった。調査団は四月二一日に奉天で合流した。顧維鈞も一緒だった。日本は難を避けることができた。

宴会疲れ

リットン調査団は中国各地で調査をつづけながら、報告書のとりまとめに入る。芳沢外相は五月二三日に随員の吉田（駐トルコ）大使に対して、報告書の詳細を探知し、報告書の内容を日本に有利に導くために、万全の策を講じるように指示する。

他方で芳沢は、「満蒙」の統治に中国の主権や国際委員会などの第三者の力が及ぶことを認めるような案を受け入れることはできないとも強調する。このような制約が課されるようでは、吉田としてもリットン調査団の報告書の内容を日本に有利に導くことは困難だったに違いない。

リットン調査団は中国各地を回り、つぎに日本統治下の朝鮮を訪れた。ここでも朝鮮総督主催の宴席が設けられた。宴会は洋食でワインも供された。なかには朝鮮の甘い果実酒もあった。不老長寿の酒と聞いて、一同はむさぼるように飲んだ。歌舞音曲が披露された。しかしシュネーによれば、「われわれの耳には、これらの音楽はいずれもただ長々と哀調を帯びているだけであり……浅薄で単調に感ぜられた」。舞踏の方も「ニュアンスもろくにない荘重な動きが長々といつまでも繰り返されるだけ」だった。

シュネーは関心を引くものがなく、時間を持て余した。長旅のなかの宴会疲れもあっただろう。リットン調査団に対する接待外交の効用は低減していた。

それでも日本政府は接待外交をつづけようとする。リットン調査団は中国大陸と朝鮮半島での現地調査ののち、再び日本を訪れる予定になっていた。日本政府は報告書の内容を少しでも自国に有利なものとする努力を放棄していなかった。

再来日に際して、リットンは吉田（伊三郎）大使を介して、日本側にある意向を伝えた。吉田からの報告電報を引用する。『リ〔リットン〕』は委員が日本滞在中上海の宴会日程表発表せられしを以て一英人より貴下等は遊びに来りしやとの書面を受取り迷惑せり依て一応催し一切謝絶のこととしたるが日本に到着の上話合いに依り催しに招かるることは差支なきも宴会前に其事公表せられざるを希望す』。調査団が日本に滞在中、上海における日本側との宴会の日程が発表された。それを知ったあるイギリス人がリットンに手紙で苦情を寄せた。「あなたたちは遊びに来たのか」。このような苦情の手紙を受け取り迷惑している。宴会はいっさいお断りしたいほどだ。しかしそうもいかないので、せめて宴会の予定の公表は差し控えてほしい。リットンはこのように要望した。

さらにリットンは例外を付言する。「秩父宮殿下御召の御宴は参列の光栄」に浴する。外務大臣の宴会も同様である。これら二件は今直ちにお受けする。なお「実業家其他の名士には宴会に関係なく会談の機を得度し」。

接待外交の弊害がはなはだしくなっていた。伊藤述史によれば、「リットン卿は『調査は午餐や晩餐の御馳走では出来ない』といってひやかした位」だった。

中国の接待攻勢

リットン調査団に対する日中両国の接待外交は、一行が上海に到着したときから始まった。『東京朝日新聞』の上海特派員は、中国側の様子を「聯盟委員／上海着／支那歓迎攻め」の見出しの記事で伝えている。その記事によれば、三月一四日に一行の乗ったランチ（大型ボート）が税関埠頭に着いた。税関の建物には歓迎のビラが貼られていた。十数本の歓迎旗が打ち振るわれていた。中国側のプログラムによれば、翌一五日、外交部次長主催の午餐会と顧維鈞の茶会、夜は上海市長の晩餐会、一六日も一七日も午餐会・茶会・晩餐会の連続だった。この新聞記事は「連日にわたる歓迎攻め御馳走攻めで調査の暇も余りないらしい」と結んでいる。

中国側は北平でも調査団を歓迎した。四月九日、調査団を乗せた特別列車が北平駅に着く。軍楽隊が演奏するなかで、中国側関係者は正装で迎える。調査団の宿泊先のホテルには中英両文で「歓迎・公正厳明な国連調査団」と記された大きな白い布が掲げられていた。リットン一行の公平・公正・中立な調査への期待の表われだった。北平でも歓迎宴と会談がつづいた。

中国側の接待攻勢に辟易《へきえき》した調査団一行は、日本側にも自粛を求める。「日本側の招待も重光公使の招待だけ受けることに決し他の招待は辞退し、単に時間を見はからって意見を聴くだけ」になった。

その後どうなったのか。古垣鐵郎《ふるがきてつろう》特派員が伝える。「一行は重大なる使命を帯びて、いわば支那のために仕事しに来たのであって、御馳走になりに来たのでも、料理の調査に来たのでもない。こうのべつ幕なしに御馳走に引っぱり回されていては、肝腎の仕事の方がお留守になる、第一体がつづかない。とうとうリットン卿はじめ如才のない調査委員達はSOSの悲鳴を挙げた」。その結果、四日目前後から午餐会と茶会が取りやめになり、晩餐会だけになった。

リットン調査団の再来日

調査団が再来日したのは七月四日のことである。接待外交ではない虚飾を排した実質的な交渉は、問題の行く末のきびしさを暗示していた。七月九日、調査団と荒木《あらき》（貞夫《さだお》）陸相の会談が開かれる。調査団側は核心に触れる質問をする。満州国から日本軍が撤退するとして、その後の治安維持をどうするか。荒木の答はにべもなかった。「撤兵その事が既に考えられませぬ故に其後の事は考えたことがありませぬ」。取り付く島もないとはこのことだった。

それでもリットン調査団は残されたわずかな可能性を探る。七月一二日の内田《うちだ》（康哉《こうさい》）外相との会談において、調査団内でもっとも日本寄りだったクローデルが提案する。「満州問題の解決は現実を考慮に入れずして考うことを得ざる所満州国の存在を基礎としつつ支那国との間に何等かのbondsを残す一方日本に対し其の重大なる利益を擁護する為十分なる『コントロール』を与うることも一案なるべし」。満州国の存在を前提としながら、中国と満州国との何らかの結びつきを残すとは、中満間で不可侵条約などの安全保障上の取り決めを結ぶことを意味する。内田の答はゼロ回答だった。そのようなことをすれば将来の紛糾の原因になる。唯一の方法は中国が満州国を承認することである。クローデルの妥協的な解決策の提案に対する内田の返答に接して、リットン調査団は万策が尽きていく。

シュネーは言う。「私としては、日本の対外政策があまりにも国内政局の動きや、国民世論によって左右されすぎているとの印象を受けた」。シュネーの観察は的確だった。日本の外交は、満州事変を分岐点として、協調から自主への転換を支持する世論と国内政治の拘束を受けるようになっていた。

外交と世論・政党

世論が自主外交の支持へと転換したのは、マスメディアとしての新聞の影響が大きかった。一九三一年当時の新聞の発行部数約四〇〇万部は、六年後に七〇〇万部近くに急伸する。急伸の直接のきっかけは満州事変の勃発だった。新聞各紙の報道合戦が始まる。同じ新聞社が一日に六度も号外を発行することもあった。号外を求める人びとで街は騒然となった。大手の新聞社は自社の飛行機で現地と往復し、写真入りで速報した。満州事変はメディア・イベントと化した。スクープ合戦、速報合戦によって大衆の新聞として売り上げ部数を伸ばした。

大衆は新聞に連戦連勝の情報だけでなく、安否確認の情報を求めた。身近な人びとが満州に兵士として赴く。彼らの安否を知りたかった。しかし部数が急伸する新聞の報道姿勢は扇動的になっていく。新聞は大衆の戦争熱を煽るようになる。

世論の転換の影響を受けて、政友会と民政党の二大政党も一九三二年二月二〇日の衆議院総選挙をめざして、自主外交を競うようになる。政友会は「屈従外交か自主外交か」と問う。対する民政党は「国際連盟の認識不足」を批判する。

さらにこの年の六月一四日に衆議院は満州国承認決議を全会一致で可決する。日本が満州国を承認してしまえば、日中外交関係の原理的な修復は不可能になる。それでも政党は協調外交よりも自主外交を支持するようになった。協調外交と二大政党制はセットになっていた。国民は党利党略と足の引っ張り合いの二大政党制に見切りをつけ、新しい政党政治の枠組みを求めていた。二大政党制批判は協調外交批判につながる。二大政党制の下で行き詰まった協調外交は、自主外交によって打破されなければならなかった。

世論に覚悟を促す

リットン調査団が報告書をまとめる。報告書をめぐって国際連盟で議論がおこなわれる。そのタイミングが近づいていた。日本の外交当局は、原則的な立場に拘束されながらも、あきらめなかった。

たとえば伊藤述史は講演をとおして、国民に理解を求めている。「我々日本人としては出来るだけの範囲に於て日本の立場を説明し、そうしてその日本の行動というものが無理でないということを納得せしめるように努力することは非常に重要であるということは申上ぐるまでもありませんが、それだけではダメであるということを国民一般に知って貰いたいと思います」。

伊藤はつづける。「表面上如何に説明しても実際上日本のやってることがその説明と一致しないようなことがあれば、日本の説明というものは天下何人も説得するだけの価値はないと思います」。伊藤は議論の舞台がジュネーヴに移っても、リットン報告書をめぐる譲歩の必要性を示唆した。

国際連盟協会の山川《やまかわ》(端夫《ただお》)副会長も、六月二一日の中央大学での講演において、世論の啓発に努めていた。「今日我国では、満洲国の即時承認論が熾《さか》んである。その趣旨とするところは全く政治的見解に基くもので、一理ありとは考えて居る。然し我国は満洲に於て重大なる利害関係を持って居〔る〕のであるから……又将来の紛議を未然に防ぐ為に、承認を為すに際し予《あらかじ》め必要なる準備を為すことが極めて肝要であると信ずる」。ここで山川は即時承認論を牽制しながら、満洲国承認に政治的な条件を付けようとしている。

政治的な条件は三つある。第一に「日本と満洲国との関係を予《あらかじ》め明定すること」。第二に「満洲国人の心を得るの政治を行うこと」。第三に「外国人をして日本の立場を了解せしめよ」。どの条件一つをとっても、一朝一夕にできる相談ではない。これらの条件の成立が前提なのであれば、満洲国の承認はできないのと同じである。

山川は世論に警告を発し覚悟を促す。「満洲国問題の解決は中々困難である。容易《たやす》く楽観することは出来ぬのである」。山川の発言は、ジュネーヴでの交渉が難航することの暗示だった。

満州国承認の遷延策

他方で日本の外交当局は、日本による満州国承認の遷延策を追求していた。たとえば本省は六月二四日にジュネーヴの日本代表に宛てて、満州国承認問題をめぐって「内政関係其他諸般の事情の許す限りは慎重を期し度き考なり」と伝えている。同時にこの電報は「以上は内政問題の関係もあり連盟首脳部に於て絶対に厳秘に付する様篤《とく》と念を押し置かれ度」と付言している。

あるいは翌二五日、駐日イギリス大使との会談の席上、有田《ありた》（八郎《はちろう》）次官が満州国承認問題に関して、「純然たる私見としては目下の情勢にては調査団の東洋退去前承認の如きことはなかるべきやに思考せらる」と述べている。

一方、リットン調査団は九月四日に委員五名が全員一致で報告書に署名する。署名後、英伊米の三人の委員は五日、上海から海路スエズ経由でジュネーヴに向かった。仏独の委員が九月一五日を迎えたのは、シベリア鉄道でヨーロッパに移動中のソ連領内においてだった。この日、日本は満州国を承認した。リットン調査団の東洋退去まで承認を遷延する策はかろうじて間に合った。

リットン報告書の前と後

しかし報告書の公表後までは待てなかった。報告書が公表されたのは一〇月二日である。日本による満州国の承認が報告書の公表の前と後とでどれほどの違いがあるのか。この点は七月一一日のジュネーヴでの佐藤《さとう》（尚武《なおたけ》）大使と連盟事務当局の「日支事件主任官」とのやりとりからわかる。

主任官は言う。「『リットン』は無事に報告を作成提出し使命を完了するを切望し居るなるべし然るに今若し『リットン』報告提出前に日本が承認を敢行せられたりとせば満州問題に対する過去の歴史的事実の列挙説明は別とし将来に対する解決策進言の余地無きに至るべく……連盟の感ずべき不満は想像に難からず」。リットン報告書の提出前に日本が満州国を承認してしまえば、国際連盟は報告書に基づく解決策を示すことができなくなる。そうだからこそリットン調査団は日本の満州国承認を牽制した。

この主任官は報告書の公表後の承認ならば、「日本の立場は公正たるを得べし」と言う。報告書に不服ならば、「反駁《はんばく》して自己の立場を擁護」すればよいからである。しかし公表前に承認してしまえば、リットン報告書は無意味になる。これではリットン調査団の努力は無に帰する。

リットン調査団の五人のなかでは日本に理解がある方のイタリアのアルドロヴァンディ

ですら、「日本議会十二月に開会なさば其時迄承認の猶予あらば連盟の会議も済み居り便利ならん」と求めている。この件はリットン調査団の「面目問題」でもあった。

それにもかかわらず、八月二五日の議会演説で内田（康哉）外相は満州国承認問題に関して「国を焦土にしても此主張を徹することに於ては一歩も譲らない」との決意を明らかにしている。日本の満州国承認は時間の問題だった。こうして報告書の公表前の九月一五日に、日本は満州国を承認した。

無効になった報告書

リットンは報告書をめぐる国際連盟での審議の前に日本の満州国承認があることを想定していた。事実、報告書にはつぎの記述がある。「仮令《たとい》日本の『満洲国』正式承認が寿府〔ジュネーヴ〕に於ける本報告書の審議以前に行わるることありとするも――右は吾人の看過するを得ざる事態なるが――吾人は吾人の仕事が徒労に帰すべしとは思考せず」。

公表されたリットン報告書は「和解の文書」と呼ばれることがあるように、バランスのとれた内容になっている。報告書は一九三一年九月一八日以降の日本の行動の正当性を認めない一方で、日本が満州に特別の権益を持っていることに理解を示しているからである。この点に関してならば、日本の満州国承認は直接的な影響を受けなかった。

しかし公表前に承認したことで、報告書の「解決の原則及条件」は、あらかじめ無効になったのと同じだった。なぜならば報告書の「理事会に対する考察及提議」は、つぎのような解決策を提言しているからである。

最初は日中両国による「建言会議」の開催である。この会議の目的は「東三省〔中国東北部〕統治の為め特別なる制度の構成に関し審議」することだった。

つぎにこの「建言会議」の勧告にもとづいて、中国政府が東三省に「特別なる行政組織を構成すべき旨」を宣言する。

そのあとは「日本の利益に関する日支条約」、「調停、仲裁裁判、不侵略及相互援助に関する日支条約」、「日支通商条約」を締結する。

このように報告書は満州に自治政権を確立し、その自治政権を日中間の条約網のなかで安定させることを提言している。

報告書は以上の手続きを踏むならば、「支那の主権と抵触することなくして今日現存する満洲の事態に適合」できるとする。

しかし日本が満州国を国家として承認した以上、自治政権を前提とする報告書の解決策は、日本側にとって問題外になった。

冷ややかな米英の反応

日本国内は満州国承認の歓迎ムード一色だった。承認の翌日、『東京朝日新聞』の「承認に沸く歓呼」の見出しの記事は、宮城《きゅうじょう》前で日の丸の旗を手に万歳をする大群衆や参謀本部の庭内に繰り出した旗行列、靖国神社前の提灯行列の写真を掲載している。

他方で欧米諸国の反応は冷ややかだった。たとえばアメリカはこのような事態を織り込み済みで、スティムソン国務長官も議論を回避する態度だった。アメリカは差し当たり何か措置をとるようには見えなかった。

あるいは松平《まつだいら》（恒雄《つねお》）駐英大使の報告によれば、日本の満州国承認は、リットン調査団とこの調査団を推薦したJ・A・サイモン英外相の「面目を或る程度迄傷けたる形」になった。国際連盟臨時総会において、リットン報告書の審議をめぐって、日本と国際連盟が「正面衝突」を起こすようなことにでもなれば、イギリスの態度は楽観を許さない状況になるおそれがある。松平大使はこのように注意を喚起した。

松岡洋右の起用

舞台はジュネーヴに移る。国際連盟の臨時総会において満州問題が審議される。帝国代表を誰にするか。現地ヨーロッパ在勤の大使たちが順当だった。ところがジュネーヴでは佐藤大使が「われわれ出先の者ばかりで、この大任を引き受けるのは不適当」と考えていた。「私は、ぜひ東京から、わが国朝野の人望を集めうる人が来なくては、とうてい国内の世論を沈静せしめることは不可能であると信じていた」。

満州国承認問題のときがそうだったように、日本外交は対外強硬論の世論の拘束を受けるようになっていた。このような国内世論を鎮静化できる人物でなければならなかった。ジュネーヴの職業外交官には荷の重過ぎる仕事だった。

七月二四日の新聞で松岡が代表を内諾したと報じられる。なぜ内田外相が松岡を起用したのか、たしかなことはわからない。上海事変のときの特使としての働きが評価されたからかもしれない。

松岡の満州視察旅行

ジュネーヴに乗り込む前に、松岡は満州の視察に赴く。出発したのは七月二六日のことだった。

松岡は現地で接待されている。奉天総領事館の記録によれば、七月三一日の「松岡代議士招待」は八二円、同日の「松岡代議士招待芸妓花代」六・〇六円で、機密費からの支出だった。この日の宴席には本庄（繁）関東軍司令官が同席している。八月三日は長春総領事館である。「松岡代議士及満洲国司長以上の官吏招待」は機密費から一九九・六五円が支払われた。

満州視察後、帰国した松岡は、臨時総会に向けて準備をする。出発に先立って、松岡は元老西園寺公望に伝言している。「必ず纏《まと》めて帰るようにしたいと思います」。松岡一行は一〇月二一日に出発する。

第Ｖ章　満州国の理想と現実

関東軍の根城＝「満洲屋」

真崎《まさき》（甚三郎《じんざぶろう》）参謀次長が満州視察旅行に出発したのは、満州国の建国（一九三二〈昭和七〉年三月一日）、上海事変の停戦協定の成立（五月五日）を経て、リットン調査団が中国大陸の各地を訪れているときだった。

真崎は陸軍派閥対立における一方の派閥（皇道派）の中心的な人物である。皇道派は国家改造志向が強く、対外路線は対ソ戦早期開戦論だった。対する林銑十郎や永田《ながた》鉄山《てつざん》らの統制派は合法的な総力戦体制の構築をめざし、対ソ戦には慎重だった。

真崎は出発する前日の六月一七日に拝謁してつぎのように言上している。「度重なる電報を以てしても陸軍中央の作戦方針が関東軍に十分に理解されず、また満洲国政府と軍の業務において円滑を欠く嫌いもあるため、以上の実情を視察の上、適切な指導を与え得るよう尽力する」。真崎の視察の目的は、満州事変をきっかけとする現地軍の独走に対する陸軍中央のコントロールの回復と満州国の現況調査だった。

真崎は朝鮮半島を経由して、六月二二日、奉天に着く。翌日、森島（守人）奉天総領事を答訪している。二六日には長春からハルビンへ飛行機で向かう。翌二七日、真崎は長岡《ながおか》（半六《はんろく》）ハルビン総領事主催の茶話会に臨む。茶話会にはソ連のハルビン総領事や中国側はハルビン市長などが出席していた。茶話会の費用は機密費から支出されている。「真崎参謀長〔参謀次長〕及外人側饗応費」は六九円だった。

満州視察旅行中の真崎の日記に機密費関連の重要な記述がある。茶話会の二日後の六月二九日の日記に憲兵中佐の談話として、つぎのように記されている。「一時は満洲屋は軍の魔掘〔窟〕となれり」。女中頭は機密費の出入をなしたり」。「満洲屋」とは長春の満洲屋ホテルのことを指す。関東軍はここを根城に傍若無人な振る舞いをしていたようである。さらに機密費の管理をホテル側がしていたとすれば、公私混同もはなはだしい退廃的な状況だった。

理想と現実のギャップ

真崎の満州視察によってわかったのは、満州国の理想と現実の間に埋めがたいギャップがあることだった。たとえば現地軍の意見によれば、「労働移民は半数は成功せず」、あるいは駒井《こまい》（徳三《とくぞう》）満州国国務院総務長官（心得）も「普通の移民は必ず不成効に終る」と語っている。実際のところ一九三二年から五年間の満州移民は一万五四六三人だった。対する同時期のブラジル移民は単年度でも二万三六九九人（一九三三年）である。満州移民の少なさがわかる。初年度（一九三二年度）の実行計画六〇〇戸に対して、満州移民の実数は三七六戸で、達成率六二・七パーセントだった。同時代においても「経済的に採算が取れないから、移民政策として推進するのは非合理」との批判の声も上がっていた。

さらに六月二八日の現地の商工会議所や居留民会の関係者、企業の支店長との会見では、「満洲建国理想の高遠過ぎること、邦人官吏の不可なること等を暗示し、又我軍の兵力僅少延いて兵卒の思想問題に及ばんかと憂慮しあること」が示された。満州国の「王道楽土」「五族協和」のユートピア的な理想は現実と違い過ぎた。

満州国の日本人官吏の横暴は憲兵中佐も指摘する。「邦人官吏も有為なる者一人もなし。……一事務員が保安課長たり。満鉄の車掌が課長となる等の状態なり。満洲国人を侮蔑す。満洲官吏に悉《ことごと》く蹂躙《じゅうりん》せらる」。

つぎのような指摘もあった。「大失敗は顧問を多く任命せしこととなり。勝手に顧問に任用せり。最初は概ね八十乃至《ないし》百の意見にて百五十名を可とせしが、長春丈にて四百名に達せり。俄《にわか》になり上りを生じ長夜宴に耽けれり」。顧問を多く任命したことは大失敗だった。満州国の日本人官吏は勝手に顧問を任命した。八〇から一〇〇人見当が一五〇人となった。長春だけでも四〇〇人に膨れ上がった。政治的な腐臭が漂うかのような満州国統治の有様だった。

問題は官吏だけとは限らなかった。「一般の日本人に火事泥式が上下共にあり」。日本人の態度は悪かった。「日本人は支那人の欠点のみを見つけあり」。これでは「五族協和」どころの話ではなかった。満州国のなかで日本人と中国人は対等の関係でなければならなかった。そうでなければ満州国の「五族協和」の理念に反する。ところが実際は、日本の高級官僚や軍人だけでなく庶民階層の日本人も、満州国の建国過程での混乱に乗じて、自己利益の確保に走った。満州国の「王道楽土」の理想とは異なり、現実には日中間の不平等性がひどかった。

真崎は満州事変の首謀者のひとり石原《いしはら》（莞爾《かんじ》）中佐とも会っている。石原は言う。「満洲は国防上重要なれども、資源に於て世人の考うる程豊ならず。即ち之を基としてアングロ・サクソンと対抗の出来る程度にあらず」。これはどうしたことか。満州事変の勃発から一年も経っていない。それなのに満州の資源が当てにならないのであれば、対ソ戦の軍事的資源供給地としての満州国は機能しないことになりかねなかった。

このような満州国の現実を知った真崎は、持論の対ソ戦早期開戦論を抑制するようになる。真崎は六月二七日の日記に「日蘇の関係は決して憂慮するに足らざる」状態であり、ソ連の誤解を招かないように注意している旨、記している。

ほかにも予想外れの情報や満州国の過酷な現実を知ることができる。しかしこれ以上、引用するには及ばないだろう。真崎の満州視察旅行の目的の一つ満州国の現況調査は、これだけの情報で十分だからである。

外からのクーデタとしての満州事変

もう一つの目的である陸軍中央のコントロールの回復に関しては、どのような手がかりが得られたのだろうか。さきの憲兵中佐の情報が重要である。この情報によれば、満州国の内情はつぎのとおりだった。「中間幕僚が上をロボット〔と〕し専断多し。之が必ずしも国家本位ならず。爾後自己を考え過ぎるにはあらざるか。今後の政策を国家本位にするならば幕僚の某部を交代せしむるの要あり。謀略的政治多し」。

満州国の人事を差配していたのは和知《わち》（鷹二《たかじ》）関東軍参謀だった。自薦他薦があるなかで、和知は満鉄から引き抜き人事をおこなって、登用されない側からの不平・不満が高まっていた。不平・不満は石原や板垣のところに持ち込まれた。石原や板垣と和知の関係は険悪なものとなった。このような状況のなかで、陸軍中央がコントロールを回復するには関東軍の幕僚の交代が必要だった。

真崎はつぎのような情報も得ている。「若き者は一種の革命と信じ革命は青年にあらざれば出来ざる思想ありて軍司令官をロボット〔と〕するも此処に胚胎す」。幕僚層が上層部を突き上げる、コントロールする。満州事変が外からのクーデタだったことは、ここにも明らかである。

以上のように満州国は脆弱《ぜいじゃく》で不安定だった。そうだからこそ現地軍は満州国の早期承認を求めた。満州事変のもう一人の首謀者板垣（征四郎）大佐は真崎に言う。「一同は独立国家として承認を熱望しあり。其の理由次の如し。人心不安」。板垣が心配したのは、本国政府が満州国承認問題を「国際聯盟の態度を見て決せん」としていることだった。

事実の脚色――対ソ連インテリジェンス活動

満州視察旅行をとおして、真崎は主要な二つの目的のほかに、現地軍のインテリジェンス活動に関する情報を得ている。

たとえばソ連に対する諜報活動はつぎのとおりだった。「対露は諜者と各機関より得るもの、露より旅行者、新聞、印刷物より得たるもの」。他方で「諜者を露国内部に入ること困難」だった。それには「経費を要」したからである。「無線傍受の諜報」もなかった。

現地軍のインテリジェンス活動の問題点は、関東軍司令部ハルビン特務機関長百武《ひゃくたけ》（晴吉《はるよし》）中佐もつぎのように真崎に伝えている。「諜報に任ずる者実際に観察し部内には飾らざるものを伝え、部下には若干変化するやも知れず。従来露の五年計画は稍《やや》誇大に失せざるや。今回露が斯くも退エイ〔嬰〕的なるを予想せざりし」。ソ連は一九二八年に国家の重工業化を目標とする五ヵ年計画を策定した。工業化によるスターリンの独裁体制の確立がもう一つの目標だった。関東軍はこのソ連の五ヵ年計画をモデルとして、満州国の開発計画を立案しようとしていた。それほどソ連の五ヵ年計画の影響は強かった。ところがソ連の五ヵ年計画は、軽工業を後回しにしたことによって、民需を圧迫した。国民生活は困窮していた。この年から翌年にかけて、ウクライナで大規模な飢饉が発生している。百武はこのようなソ連の五ヵ年計画の現実を察知していたことになる。

百武が真崎に伝えたように、諜報者の観察報告は事実を脚色していた。対ソ連のインテリジェンス活動がもたらす情報は不正確だった。ソ連が「退エイ〔嬰〕的」とは、この時期にソ連が日本に不侵略条約の可能性を打診していたことを指すのだろう。五ヵ年計画によって着々と軍備を増強しているという同時代のソ連イメージは虚像だったようである。

本庄司令官も同様の見方を真崎に語っている。「露にして積極的に出ずることなからん。若し其の意ありとせば今日迄の如く好意を表し、且つ無為にして居ることなかるべし」。

本庄の見方を踏まえれば、対ソ戦早期開戦論者の真崎は、強硬論に傾いてもおかしくなかった。しかしさきのハルビン総領事館主催の茶話会（六月二七日）で、ソ連側の出席者がいたからとはいえ、真崎はつぎのように述べている。「日本は露国に誤解を起さしめざる如く如何に注意しあるやは、関東軍の行動を見て明なり。今回も無理して北より南に向て作戦しつつあり。何を苦んで此の如きことをなすや」。満州国の育成を優先させる真崎は、ソ連に対して抑制的な姿勢をとるようになっていた。

低い信頼度——対中国インテリジェンス活動

対中国インテリジェンス活動はより大きな問題を抱えていた。百武は言う。「支那に関し従来諜報者の認識不足せしならん。買収等も今回は成効せず」。これらの「諜報者」を史料から特定するのは困難である。しかし推測する手がかりはなくもない。のちの日中戦争下の上海でのことである。日本軍の特務機関は、上海の暗黒街を支配する荷役労働者を基盤にする秘密結社（青幇《チンパン》）を利用していた。蒋介石の中国側も利用していたという（山本武利『陸軍中野学校』）。満州事変下ではここまで極端ではなかったにしても、「諜報者」が満州国政府による現地雇用の中国人や日本人だった可能性はある。

百武によれば諜報者の情報の信頼度は低かった。そうだとすれば、インテリジェンス活動の再構築が必要だった。満州国軍事顧問の大迫《おおさこ》（通貞《みちさだ》）中佐は言う。「哈爾賓特務機関にても支那満洲事情理解ある者あること必要なり。問題は支那方面より多く起る」。大迫は吉林や天津に駐在した経験がある。参謀本部では「支那」研究員を務めたこともある。大迫は中国事情に通じていた。大迫は「対露作戦の準備の為に満洲自体が早く治ること必要なり」とする立場だった。この立場からすると、大迫は不満だった。「日本人は満洲問題に関し真剣ならざるや」。

天津軍（支那駐屯軍）参謀長菊池《きくち》（門也《もんや》）大佐は真崎に具体的な対応策を述べている。「諜報宣伝は特務機関を設置するを可とせん。陸軍は駐在武官共に特務機関を設くるを可とす。駐屯軍は列国と共に警備に任ず。故に別の機関によるを可とす。軍の編成の概要、軍の憲兵を増員するを可とす」。菊池も大迫と同様に、天津駐在経験や中国公使館付武官補佐官を務めたことがあり、中国事情に通じていた。

天津軍（支那駐屯軍）は、一九〇〇年に列国連合軍が民衆反乱（義和団の乱）を鎮圧した戦争の結果、欧米列国と共同で現地に駐屯することになった軍隊だった。このような国際性を帯びた軍隊は、列国と協調しなければならなかった。そうだからこそ「天津に列国の傍受機を設くるを可とせん。支那に対しては可なるも列国の分は不可」ということになった。欧米列国の無線を傍受することは、遠慮したようである。

以上要するに中国における軍部のインテリジェンス活動は、組織・制度・体制の観点から不十分なものだった。

真崎は七月八日に大連から海路、帰国の途に就く。帰国後の七月一五日、天皇に「満洲視察の所感」を講話する。真崎の講話が二つの目的（満洲国の現況調査と陸軍中央のコントロールの回復）とインテリジェンス活動に言及することはなかった。

大橋と杉原の緊密な連絡

インテリジェンス活動の重要性は外務省も十分、認識していた。在中国日本公館のなかでもハルビンの大橋（忠一）総領事がインテリジェンス活動にもっとも関心を持っていたことは、すでに言及したとおりである。

その大橋は一九三二（昭和七）年三月、ハルビン総領事から満州国外交部へ転じる。大橋は移籍に際して、芳沢（謙吉）外相に対して、杉原（千畝）書記生をともないたい旨の意見書を提出する。願い出は認められる。大橋は杉原を満州国に呼び寄せる。

大橋のこの年の日記から杉原関連の記述を例示する。四月二一日「杉原氏午後十時哈爾賓に帰任す」。五月二〇日「午後一時大橋次長は杉原氏と共に飛行機に依り帰任す」。五月二八日、大橋は杉原らを招宴する。七月九日「哈爾賓杉原事務官は事務打合の為午前七時来京〔満州国の首都新京、現在の長春〕す」。七月一〇日「杉原事務官は午後十時十九分発列車にて帰任せり」。八月二日「杉原事務官哈爾賓より帰京す」。八月三日「杉原事務官は午後二時半離京帰任す」。

以上の引用からわかるように、大橋は杉原と緊密な連絡をとっていた。杉原は大橋のいる満州国の首都新京とハルビンを頻繁に往復していた。

杉原はハルビンでインテリジェンス活動を展開し、そこで知り得た情報を大橋に届けていたと推測できる。杉原はハルビン総領事館から機密費による調査費二〇〇円を受領している（一〇月五日）。

杉原の活動の一端は外交文書に垣間見える。六月二〇日ハルビン発本省宛の電報は、杉原の内報として、ソ連総領事と杉原の意見交換の様子を伝えている。論点は満州国承認問題だった。ソ連総領事は「夏季休暇中の為捗々《はかばか》しく決定せざる次第」として、ソ連による満州国の承認が未決定であると述べる。対する杉原は「然らば何時中央に於て本件審議を進むるや」と問う。答は九月か一〇月に検討することになるという。杉原の内報はソ連による満州国の早期承認が期待できないことを示唆していた。

にわか作りの満州国外交部

大橋が次長の任に就いた満州国の外交部はにわか作りだった。芳沢外相も「大部分は未だ辞令発せられず事実上執務し居る」ことを認めている。外交部の組織は大橋がほとんどひとりで作ったに等しかった。大橋は三月二七日に宿泊先の長春のヤマトホテルで「外交部官制細則、定員、予算」案を起草している。

差し当たりの体裁が整ったのは、大橋が次長に就任した六月のことだった。総勢はタイピストや運転手を含めても五〇人を下回る人員しかいなかった。大橋の満州国外交部は、陣容が整う前に、リットン調査団の長春訪問（五月二日）に対応したことになる。

大橋は独立国家としての満州国の体裁にこだわった。独立国である以上、満州国の主権の尊重と治外法権の撤廃をおこなわなければならなかった。大橋は言う。近い将来、日本は進んで治外法権の撤廃を考慮する。治外法権撤廃となれば、警察官を満州国に引き継ぐとしても、全部を引き受けはしない。警察機関の拡張は考えものである。要するに大橋は、治外法権撤廃後の警察力を満州国の自主性に委ねる考えだった。

大橋対現地軍

体裁上とはいえ、満州国の自立性を重視する大橋と傀儡国家化を志向する現地軍とは、対立する可能性があった。満州事変勃発時に大橋は在中国外交官のなかで北満進出論を唱えていた。ところがその後、現地軍は大橋が離反するおそれを考慮に入れるようになる。百武は真崎に伝えている。「事件後軍部排斥は早く来るならん。哈〔ハルビン〕市進入の経緯に於ても大橋領事の如きも然り」。満州事変勃発時、ハルビン総領事としての大橋が派兵を求めたのは、居留民保護が目的だった。実際に居留民の生命・財産が脅かされようとしていた。居留民保護を目的とする派兵の要請は、総領事の立場からすれば当然だった。居留民保護は名目上ではなく実質的な目的だったからである。対する現地軍が居留民保護の目的を越えて作戦行動を展開するとなれば、大橋は抵抗する。軍部からすれば大橋は、単純な同調者ではなかった。

大橋は危機感を抱いた。このままでは満州国が砂上の楼閣になりかねなかった。そうだからこそ満州国の早期承認を求めた。六月七日、大橋は本省に宛てて訴えている。「満州国は日本が承認せざる為地位不安定なるのみならず日本に於て最近顕著なる満州を占領したる如き気持の議論や第二の朝鮮となり若《もしく》は国連等第三者の干渉に依り再び学良の治下に帰するなきやの懸念を持つ支那人多く更に学良が国連の活動及日本の承認躊躇に現わる弱腰を見越し満州奪回を夢見て治安攪乱を継続する懼《おそれ》あり」。

ここで大橋は満州国が日本の植民地ではないことを強調している。占領したのでも併合したのでもない。新しい国家が生まれたのだ。大橋はそう言いたかったに違いない。中国側の満州回復に備えるのはもちろんのこと、日本は満州国を真の独立国として承認しなければならなかった。独立国としての満州国の安定には日本による早期承認が前提条件だった。

日本の満州国承認

日本の満州国承認は、すでに前章でみたように、リットン調査団の東洋退去後、リットン報告書の公表前の九月一五日だった。この日、日満議定書が調印されて、日本は満州国を承認した。

調印式に臨んだ日本側全権大使は武藤《むとう》（信義《のぶよし》）関東軍司令官だった。武藤が満州国入りする際に、奉天総領事館は「武藤全権入満に関聯諜報費」を機密費で支出している。八月二四日二〇〇円、八月二七日一五〇円だった。

在満大使館の方はつぎの費目を機密費で支出している。「満洲側へ土産品持参の際要したる費用」（九月二日）二〇円、「満洲国側へ贈品包用として風呂敷三十枚代」（九月一一日）三二円四〇銭。満州国側関係者への贈答品関係の費用すら機密費で賄われたようである。

ほかにも「全権一行入満宣言露文翻訳心付」（八月三〇日）五円、「全権奉天神社忠霊塔参拝玉串料」（九月三日）四〇円、「全権招宴の際支払いたるコック立替代」（九月八日）八三円八〇銭などがある。ここまで詳細な支出項目が記されていることと同時に、このような項目まで機密費で支出されていたことに驚く。これでは機密費は事務雑費である。

それにしても関東軍司令官が特命全権大使として調印するというのはどういうことだろうか。東京の外務省は、武藤の満州到着に際して、つぎのように指示している。特命全権大使と関東軍司令官とでは立場や権限を明確に区別することはいうまでもない。しかし必要に応じて関東軍側の協力を求めることはかまわない。肩書は特命全権大使ではあるけれども、実質は関東軍司令官であることを認めている。これでは関東軍の威力を背景に、満州国側に調印を強いるに等しかった。

武藤が全権大使として着任し、奉天から新京に向かう際の費用は、在満州国大使館の機密費から支出されている。着任から奉天に出発するまでの主な支出は、「全権一行東京出発より奉天着迠《まで》に要せる諸雑費」（九月三日）一〇一円五銭、「陸軍全権部関係職員招待宴会費」（同日）二七六円八〇銭、九月五日の満州国側代表に対する武藤全権の招待宴会費三八九円七〇銭、九月六日の「武藤全権着任披露のため領事館側職員招待宴会費」二四〇円などである。

武藤全権一行は九月一四日に奉天を出発して新京（長春）へ着く。列車での移動の費用の一部も機密費で支出されている。「全権大使日満議定書調印のため長春訪問の際に要せる諸雑費」二四一円三〇銭の内訳はつぎのとおりである。「奉天より長春迄の列車中に於て列車職員並にボーイ等の心付」五〇円、「列車中に於ける全権其他の飲食費」三円四〇銭、「長春より奉天に至る列車中に於ける列車職員並ボーイ等の心付」五二円、「長春『ヤマトホテル』の全権心付」一〇〇円、「列車中に於ける飲物代」二〇円九〇銭、「満洲国協和会へ花輪寄贈代」一五円。武藤全権は九月一五日、厳戒態勢のなかで、ヤマトホテルを出発し、午前九時からの調印式に臨んだ。

武藤全権大使が満州国承認の決意を述べる。満州国側の鄭《てい》（孝胥《こうしょ》）国務総理（首相）が答辞を述べる。ふたりは日満議定書に調印する。ここに日本は満州国を承認した。

満州国政府編纂の満州国の正史『満洲建国十年史』は日本の承認を讃えている。「日本国は、列国の反対と猜疑とを意に介さず、我が要望に応えて敢然我国を承認し、独立に確固不抜の基礎を与えた」。

満州国政府は日本の承認の前後に合わせるかのように、満州国体育大会を開催した。第一回大会は、建国元年の九月二五日に長春西公園運動場で、総勢約一五〇名の選手が男女陸上競技、男子籠球（バスケットボール）、女子排球（バレーボール）の三種目を競った。満州国の正史は言う。「本大会の開催は当時の実情より見ては、寧《むし》ろ無謀に近い企てであったのであるが、将来に備えて建国元年に於て其の第一回を強行する重大意義の前に、あらゆる非難

「満州国」承認議定書に調印する武藤信義全権大使（左）と鄭孝胥国務総理（朝日新聞社提供）

と困難な事情を押し切って実現の運びに至ったのである」。日本の承認のタイミングで満州国は国内外に自立をアピールした。

満州国国務総理の動揺

しかし正史の記述は建前に過ぎた。日満議定書の調印過程もきれいごとではなかった。調印の六日前、鄭国務総理が辞意を申し出る。直接には駒井長官の横暴に耐えられなくなったからだった。満鉄勤務ののち関東軍財務顧問として満州国の建国に関与した駒井は、満州国の政治の実権を握る総務庁長官の座に就いた。駒井は関東軍と一体だった。日本人を重用して中国人、満州人を見下す駒井の恣意的な権限の行使がひどかった。

関東軍は鄭を説得する。慰留に努める。駒井の更迭を条件に鄭は辞意を翻す。調印に臨む鄭の緊張は頂点に達する。鄭の答辞の様子はこれまで何度も引用されてきた。ここでも引用する。その様子こそ満州国の実情の反映だったからである。

「鄭総理は早速に答辞を陳《の》べんとして陳べ得ず、いたずらに口をもぐもぐさせ、顔面神経を極度にぴりぴり動かし、泣かんばかりの顔をして、五秒十秒三十秒と発言せんと欲して能わず、心奥の動揺暴風の如く、複雑なる激情の交錯するを思わせるに充分であった」

このように描写したのは、武藤の随員のひとり米沢《よねざわ》（菊二《きくじ》）一等書記官だった。米沢は鄭が「調印により売国奴の汚名を冠せられ、支那四億の衆よりのちのちに至るまで満州抛《ほう》棄《き》の元凶として目されることを恐れた」からではないかと推測している。鄭の動揺ぶりはそう推測するほかに解釈のしようがなかった。

日満議定書の調印から二日後、広田《ひろた》（弘毅《こうき》）駐ソ大使はカラハン・ソ連外務人民委員（外相）代理に話を持ちかける。「満州国は蘇連邦の接壌国にてもあり貴国が満州国を列国に先んじて承認せられなば極東に於ける事態を明確にし極東に於ける平和を確立する上に於て効果鮮《すくな》からざるべしと思考す」。カラハンは答を避けた。「満州国の承認問題は事甚だ複雑重大にして諸般の事情を充分考慮の上ならでは決定し難し」。

日本につづいて満州国を承認する国はなさそうだった。日本の承認によってかえって、満州国の国際的な孤立が際立つ結果になった。満州国は国内的にも国際的にも脆弱で不安定なままだった。

祝賀ムード

日満議定書調印後の日本側は祝賀ムードに包まれた。在満大使館の機密費の支出項目が裏づける。九月一八日「川越参事官招待　議定書関係陸軍側随員招待宴会費」八八円、九月二二日、奉天での日本側宴会費五六二円一銭、九月二四日、軍部招待宴会費二九六円八

「満州国」承認を祝う学生たち（1932年9月19日、皇居前。朝日新聞社提供）

〇銭、宴会用洋酒及煙草代（一〇月五日）一〇七円八五銭、一〇月二四日「全権離奉に際し領事館側職員招待宴会費」二九四円六四銭。これらの宴会は慰労会の意味もあったと推測できる。

武藤大使主催の満州国側中国人関係者の招待宴会費（一一月二日）もある。四七二円四五銭だった。

機密費の内訳書からはメディア対策がおこなわれていたこともわかる。一〇月一五日の外国新聞記者招待宴会費一八七円八五銭や中国側新聞記者招待の七九円二〇銭などである。一一月一六日の「出版物取締に関する会合に要したる費用」三五円も同じ趣旨の支出だろう。

メディア対策関連では、上海の日本総領事館の「『チャイナーダイジェスト』二千部欧米各国に送附せる費目」銀一〇〇〇弗というのもある。おそらく満州国の存在を正当化するような内容の雑誌を欧米各国に送ったようである。

多事多難

この年（一九三二〈昭和七〉年）の在中国の日本公館は多事多難だった。上海事変、満州国建国、リットン調査団、日本の満州国承認、リットン報告書の公表とつづいている。機密費が必要だった。森島（守人）奉天総領事代理はこの年の四月五日に本省に宛てて要請している。「今回聯盟調査委員来満に関聯し当館としては相当機密費を要することと思考せらるるが所要額見当付かざるに付差当り当館御配付の機密費より支弁し置き後日稟請《りんせい》すべきに付右御含置を請う」。

実際のところ奉天総領事館の一九三二年度第Ⅳ四半期の機密費支出、九九〇円に対して、一九三二年度第Ⅱ四半期五〇七〇円七〇銭、第Ⅲ四半期三〇〇一円二六銭だった。

突出する諜報費――上海

日本の満州国承認後も関東軍は満州国の領域内で軍事作戦を展開する。中国情勢は不安定な状況がつづく。機密費の支出がこのような状況を裏付ける。

日本の満州国承認後、上海の日本公使館の支出項目で突出しているのが諜報費である。「矢野参事官渡　課報費」（一〇月五日）一〇〇〇銀弗、「有吉《ありよし》〔明《あきら》〕公使渡　北京大連等へ出張／諸機密費」（一〇月八日）一五〇〇銀弗、「堀内〔干城〕書記官より北岡大佐渡殷氏へ諜報費」（一一月四日）三〇〇〇銀弗などとなっている。これらの項目のなかで、有吉公使に多額の諜報費が渡っていることを確認できる。

上海の日本公使館と総領事館は同じ場所にあった。当時、上海総領事だった石射〔猪太郎〕によれば、「両者は渾然として一体をなし」ていた。石射は有吉を高く評価する。「酸いも甘いも噛み分けた渋味ある風格の中に、外柔内剛奪うべからざる気魄を蔵し、見通しの鋭い大家であった」。石射は言う。その有吉の下で、上海事変後「中日感情のローカルなしこりは、次第にほぐれていった」。

機密費の支出と突合すれば、有吉外交の下での日中関係の修復は、諜報費による情報収集の裏付けがあったからこそ可能になったと推測できる。

上海の日本公使館にはつぎのような諜報費の支出もあった。上海興信所払の諜報費一〇、一一、一二月分各三〇〇銀弗。個人情報を得ていたことは容易に想像できる。

ほど遠い安定——吉林

在中国の日本公館の機密費の支出状況は、満州国をめぐって日中関係が軍事的に緊張していたことを示している。

たとえば吉林総領事館の機密費の事例である。機密費受払報告書につぎのような項目が記されている。「共産党諜報費」「共匪検挙費」「鮮人諜報費」「鮮人状態諜報費」。九月以降も吉林省では「兵匪」が反満州国軍事勢力として活動していた。黒竜江省や奉天省でもそうだった。これらの「兵匪」の兵力は二一万に上る。満州国は軍事的な安定にはほど遠かった。機密費はこうした軍事勢力の動向を探る目的で支出されたようである。

つぎのような費目もある。「人質救出日満関係者謝礼宴」（一二月一日）三二九円四五銭、「人質救出謝礼」（一二月二一日）四〇円と六〇〇円、「人質救出費」（同日）二六円三四銭、「人質救出費　磐石県臨時治安局員祝儀」（同日）四円、「人質救出功労者小越大尉外十三名招待」（一二月二九日）一四八円二五銭、「匪賊居所との聯絡使用人旅費」（一二月二一日）二一〇円。これらの機密費の支出は、吉林省で「匪賊」による在留日本人の監禁事件が発生し、人質となった人びとの救出に成功したことを示している。

領事館も攻撃の対象に

満州里領事館でも同様の事件が起きている。九月二七日、領事館関係者をはじめ居留民一五九人が領事館内で監禁された。事件が解決したのは、一一月二七日のことである。

鄭家屯《ていかとん》領事館の機密費の支出でも吉林総領事館の場合と関連する項目がある。「独立守備隊渡部一等兵戦死の香典」（一一月六日）五円、「満洲人匪賊討伐戦死者へ寄附金」（一一月二九日）五円というように、戦死者が出たことを確認できる。「満洲人難民に対する寄附金」（一一月六日）三〇円も戦闘が激化していたことの例証になる。吉林省に近接する遼寧省の鄭家屯でも同様の状況だったことがわかる。

つぎの事例は斉斉哈爾領事館である。「土匪の為殺戮されたる若林一郎への香奠《こうでん》」（一〇月六日）一〇円、「土匪襲来の為領事館警戒軍人への弁当代」（一〇月三一日）一二円。ここに明らかなように、領事館もゲリラ軍の攻撃の対象だった。相手側からすれば、軍人も外交官も日本人であることにかわりはなかった。

あるいはつぎのような支出もある。「第十四師団慰霊祭花輪代」（一一月二六日）一五円、同じく一二月一三日に一六円一〇銭。日本側に犠牲が出ていたことの傍証になる。

他方でつぎのような支出もめだつ。「松木第十四師団長外二十三名招待」（一二月二七日）九〇円七六・九銭、「同上の際買入赤葡萄酒六本代」（同日）一四円五四・五銭、「同上用『シャンパン』三本」（同日）二九円一六・六銭。犠牲を出した第一四師団に対する慰労会として、赤ワインやシャンパンがふるまわれたようである。

斉斉哈爾と同様に満州事変の拡大の焦点になった錦州でも、戦闘がつづいていた。「歩兵第三一聯隊戦歿者告別式花輪代」(九月一九日)八円九四銭、七円五三銭(九月三〇日)、八円八銭(一一月七日)となっている。「満洲側殉職警官追悼会寄贈花輪代」八円八銭(一〇月二八日)や「満洲側警察及自衛団」に対する慰労として一〇〇円寄贈(九月一九日)という支出もある。ほかにも「歩兵第四旅団幕僚招待」(一二月六日)二七円五〇銭のように、軍側への接待がみられる。

対軍接待は中根《なかね》(直介《なおすけ》)領事館事務代理の本省宛報告書によれば、「当地は遼西の中心にして軍部方面にありては師団・旅団両司令部其の他各部隊本部悉《ことごと》く具《そな》わり……是等各方面との接触には尠《すくな》からざる費用を要」した。

熱河攻略の準備

満州国内でもっとも軍事的に不安定な地域の一つが熱河地方だった。面積約一六万平方キロ・人口約二三〇万人の熱河省は、地方軍閥の湯玉麟《とうぎょくりん》が事実上、支配していた。関東軍にとって熱河省は満州国の予定領域であり、地方軍閥を排除する必要があった。関東軍は七月二一日の段階で、「熱河の情勢漸次急迫ならんとするの兆あり」と参謀本部に報告している。張作霖の長男の張学良は、満州の失地回復をめざして蔣介石の国民政府に参加していた。張学良は湯玉麟に接近して、約四万人の義勇軍を編成する。関東軍に向かって反攻の準備が進んでいた。

対する参謀本部側は「現下に於ける内外諸般の情勢に鑑み熱河方面に対する武力的解決は今直に行うことなく之を他日に期するを可とする意見」だった。

それというのも現地の在外公館から本省宛の電報が伝えているように、現地はつぎのような状況だったからである。「当地は他地方とは異り学良勢力の中心地にして彼の政治上の資格如何に拘らず彼が十万余の私兵を有する限り其の勢力は牢固たるものあり」。同時に九月二六日発の同電報は「満州国は熱河領有を主張し居る関係上早晩之が実現を図るべく」と注意を喚起している。

こうして一方では関東軍が熱河作戦の準備を進める。他方ではジュネーヴの国際連盟でリットン報告書をめぐる議論が始まる。熱河作戦の準備と国際連盟の討議が同時並行で進行する。須磨（弥吉郎）在中国公使館一等書記官は警告する。「帝国内外の時局重大の秋《とき》皇軍の熱河攻略が国際関係に及ぼす影響誠に憂慮に堪えざるものあり」。

緊張が高まるなかで、外交の舞台は中国大陸からジュネーヴへ移る。

第Ⅵ章　日中外交関係の修復をめざして

国際連盟脱退

松岡洋右が首席代表としてジュネーヴへ出発したのは、一九三二(昭和七)年一〇月二一日だった。国際連盟総会におけるリットン報告書の審議は一二月六日から始まる。本国政府からの指示を受けて、松岡は一方では満州事変をめぐる日本の立場を主張しながら、他方では国際連盟に残る外交交渉をおこなう。具体的には国際連盟加盟国のなかの「穏健分子」チェコスロヴァキアをとおして諸「小国」に働きかけて強硬論を抑制しながら、イギリスの仲介によって妥協点を探る。これが日本の国際連盟外交の交渉戦略だった。

国際連盟各国はイギリスなどの限られた大国を例外として、極東の紛争(満州事変)に利害関心がなかった。しかしながら、極東の紛争の影響がヨーロッパの国際機構としての国際連盟に波及する。欧州の諸「小国」は、国際連盟の集団安保の機能が低下することに危機感を抱くようになった。

第一次世界大戦後、欧州で独立国が誕生する。その結果、たとえばポーランドとドイツのように、民族構成と国境線のあいだに食い違いが生じる。この問題に直接の利害関係を持たない日本は、国際連盟において議長国として、公平・公正な立場から解決に当たる。仲裁国としての日本の立場は、欧州の諸「小国」から高く評価される。松岡らの日本代表団は、このような諸「小国」のなかでもとくにチェコスロヴァキアのE・ベネシュ外相の外交手腕に期待する。チェコスロヴァキアが日本と国際連盟の多数派の欧州諸「小国」との外交関係を仲立ちする。極東に直接の利害関係のあるイギリスが国際連盟を主導する。そうすれば日本は、満州事変にもかかわらず、国際連盟に残ることができた。

同時に日本政府は最悪の事態に備える。最悪の事態とは何か。それは国際連盟総会でリットン報告書にもとづく対日非難勧告が採決されるということである。国際連盟規約によれば、対日非難勧告を受け入れなくても脱退する必要はない。日本は勧告に不服であるとして、反対票を投じる。それで終わる。「出来ることならば、何とかして、一面我が国の立場を明かにし、主張を通しておきながら、他面聯盟に残っておりたい」。松岡はそう考えた。外務省本省の指示も同様だった。

ジュネーヴにおける松岡全権たちの脱退回避の外交交渉がつづく一方で、関東軍は熱河攻略の準備を進める。帝国憲法は統帥権の独立を定めている。外務省が熱河攻略をコントロールすることはできなかった。ジュネーヴにおける審議が大詰めを迎える。熱河攻略が時間の問題でしかなくなる。

このとき外務省は脱退へと大きく転換する。熱河攻略の問題がなければ、対日非難勧告を無視しても、脱退には至らない。しかし勧告後に熱河を攻略してしまえば、危機が訪れる。なぜならば国際連盟側は、日本が勧告に不服なため新たな戦争に踏み切ったと判断する。そうなれば国際連盟規約第一六条に依拠して、対日経済制裁を発動するからである。国際連盟規約第一六条は言う。「第一五条ニ依ル約束ヲ無視シテ戦争ニ訴ヘタル聯盟国ハ、当然他ノ総テノ聯盟国ニ対シ戦争行為ヲ為シタルモノト看做ス。他ノ総テノ聯盟国ハ、之ニ対シ直ニ一切ノ通商上又ハ金融上ノ関係ヲ断絶シ……」。第一五条に依る「約束」とは、この場合、対日非難勧告が過半数の表決によって採択されることを指す。

世界恐慌下の日本が経済制裁を受ければ一たまりもない。当時の日本経済は貿易依存度が高かった。たとえば一九三五年は四六・二パーセントである。戦後の輸出主導の高度成長期でも一九五九年は二六・七パーセントだった。この比較からも戦前日本の貿易依存度の高さがわかる。このような日本に対して経済制裁がおこなわれるようなことになれば、日本は取り返しがつかない危機に陥る。

日本は経済制裁にともなう危機を回避しなければならない。それには日本の方から自主的に国際連盟を脱退する。このシナリオにもとづいて、対日非難勧告が四二対一（棄権一）で採択される（一九三三年二月二四日）と、最後まで迷っていた松岡も、外務省本省の指示に従って、総会議場から「堂々と」退場していった。熱河作戦の開始が国際連盟総会の場に知らされたのは、そのときだった。

国際連盟脱退の意思表示をすることで、熱河作戦にともなう対日経済制裁の危機を未然に防ぎながら、国際連盟側との決定的な対立を回避する試みは、功を奏する。脱退の意思表示の翌日付の外務省亜細亜局第一課の機密文書「連盟問題に関する一般的形勢観察」は、「我方に取り今日以上甚しく不利なる形勢となるべしとは想像出来ざる」と予測している。

国際連盟総会での松岡洋右

日中停戦協定の成立

国際連盟脱退の意思表示をきっかけとして、満州事変以来の対外危機は鎮静に向かう。対外危機の鎮静化はこの年五月三一日の日中停戦協定（塘沽《タンクー》停戦協定）の成立によって加速する。熱河作戦の後、満州国と万里の長城以南の中国との境界線の画定を求めて、軍事行動をつづけた日本軍は、停戦協定によって軍事的勢力版図に自ら境界線を引く。日本軍は万里の長城の線で止まった。

停戦協定の成立は中国側も歓迎した。六月一日、汪兆銘《おうちょうめい》行政院長は須磨（弥吉郎）南京総領事に語っている。「自分としては停戦交渉成立を機会に不進出区域を半永久的非武装地帯として両国間感情の融和を計ると共に……漸次日貨排斥長期抵抗等の排日感情を緩和せしめ行き度き考なり」。

汪兆銘の発言は信じることができるのか。諜報者の内査の結果が裏付ける。諜報者が南京総領事館に報告した中国側の動向はつぎのとおりだった。「先ず停戦協定締結の已むを得ざる次第を是認し之に依り急迫せる河北の局面を緩和し今後は専ら共産党討伐に力を注ぎ……」。この調査報告は、中国側が停戦協定を受け入れることで、華北情勢をめぐる日本との緊張を緩和し、共産党との内戦に力を注ぐだろうと予測している。おそらくは機密費によって雇われた諜報者の情報は正確だった。停戦協定の成立を境に、蔣介石の中国は対日妥協路線に転換する。ここに日中関係は戦争でもなく平和でもない、いわば冷戦状況が生まれる。

六月九日、有吉公使と汪兆銘の会談が実現する。有吉は言う。「両国の関係に付既往の如き不幸なる事態を繰返すは遺憾に堪えず速《すみやか》に改善の途を計る必要あり」。汪兆銘が応えて言う。「中日両国は兄弟の国柄なるに拘らず之れ迄背中合せの状態なりしが今後は正面に向き直りて漸次接近する必要あり」。ここに日中冷戦は、戦争ではなく緊張緩和に向かう可能性が生まれた。

鎮静化する排日・排日貨運動

停戦協定の成立は現地で外交と軍事の協調を促す。五月三一日、有吉公使と岡村《おかむら》（寧《やす》次《じ》）関東軍参謀副長の会見の機会があった。席上、有吉はつぎのように発言した。日中外交関係の修復交渉は、停戦協定の「自主的に概ね長城の線に撤退す」る条項の運用次第である。それゆえ外交と軍事の協調を求める。対する岡村はもちろん同席の喜多《きた》（誠一《せいいち》）大佐も「快く之を承諾せられた」。停戦協定は日本側では現地における関東軍と在外公館のあいだの相互接近をもたらした。

さらに現地での外交と軍事の協調関係を後押しするかのような連絡が東京の外務省から天津総領事館に届く。陸軍からの内報によると、六月一日、参謀本部は天津特務機関の解散を指示した。この指示にもとづいて、板垣特務機関長以下はすぐに現地から引き揚げるようである。

停戦協定の成立直前、天津の特務機関はしくじった。五月二九日に天津総領事館はつぎのように報告している。「特務機関関係の三野勇吉、小高虎造等は塘沽方面攪乱の為多額の運動費及任命状等を準備し同地方民団及近境土匪の操縦に着手し二十六、七の両日を期し支那側守備軍に対し攻撃を開始する手筈《てはず》なりしが逸早く支那側に探知せられ遂に失敗に帰したり」。計画段階で中国側に捕捉されて、謀略は空振りに終わる。これでは特務機関の解散ももっともなことだった。

陸軍中央は中国各地に諜報・謀略などの特殊工作に従事する特務機関を設けていた。陸軍中央は、そのなかで天津特務機関（諜報・謀略活動に従事する天津の日本軍の情報機関）の活動の抑制に努めていた。抑制に努めていたのは、謀略が失敗に終わる前からである。五月二五日に内田外相は有吉公使につぎのように伝えている。停戦気運が高まりつつある。陸軍中央からあらためて指示があったようであり、天津特務機関の「行動が大局を誤るが如き結果となることは万々無之筈なり（此の点は特に厳秘に付せられたし）」。停戦気運の圧力は天津特務機関に解散を余儀なくさせた。

停戦協定成立後の日中関係の緊張緩和化は、中国の排日・排日貨運動の鎮静化が裏書きする。たとえば天津総領事館の六月一五日発の報告電報によれば、つぎのとおりだった。「当館の得たる情報に依れば当地方に於ては最近数ケ月実際排貨の事実無く本邦品は一般不況、奥地不安に依り一般取引不況の影響を受け居るに過ぎず」。日本製品の取引量が少ないのは、ボイコット運動のせいではなく、一般的な不況の影響だという。そうだからこそ天津総領事館は「日支関係緩和に向いつつある」と状況を報告することができた。

あるいは福州ではつぎのような状況だった。「昨今特に海産物及『バナナ』の入荷相当あり売行も悪からず公安局員又は反日団等の日貨排斥も目立たざるに至れり」。商品取引は悪くなく、日本品ボイコット運動もめだたなくなった。日本商工会議所の月報によれば、漢口では八月に入ると抗日の緩和に向かって拍車がかかり、倉庫に積み上げられていた日本品は「続々街頭に踊り出て」いた。天津でも同様に、停戦協定成立は天津商人の人気を呼んで、「市況は漸《ぜん》を追い好転の見込」だった。このように中国各地で状況は改善に向かった。排日・排日貨運動の鎮静化は日中関係の緊張緩和化の証だった。

対日妥協路線を推進する黄郛

緊張緩和を背景に日本外交は対中関係の修復を志向する。対中関係修復の基本方針は、停戦協定成立前後から明確になっていた。五月二三日に上海の有吉公使はつぎのような基本方針を本省に伝えている。「華北に於ける停戦協定及同地方の事態収拾の為には……黄郛《こうふ》をして充分の手腕を振うの余地を与え其の結果を見たる上漸次日支関係の改善を誘致する事得策なり」。

この電報のなかの「黄郛」とは中国国民政府の元外交部長で、蔣介石の密命による対日交渉の非公式接触者のことである。有吉は黄郛を相手に華北での日中外交関係の修復をめざす。

東京の外務省も有吉と同様の方針だった。五月二五日に内田外相は有吉に本省の立場を説明している。当方は貴見と同様の見解で国内各方面を誘導してきた。今後も同様の方針で進む。貴見のようなラインで華北情勢を収拾し、さらに進んで日中関係の調整を図る考えである、と。

ここに現地と本省とのあいだで基本方針が一致した。中国国民政府内の対日妥協勢力＝黄郛を相手として、華北における外交関係の修復をめざすことになった。

黄郛は汪兆銘行政院長の意向を踏まえていた。六月八日の有吉との会談において、汪兆銘は黄郛の行動に対して、「満腔の支持を与えて居る旨」を述べている。

加えて汪兆銘は「暗に満州国問題は此の際『セット、アサイド』するも差支なきが如き意向を仄《ほの》めかし」た。ここに黄郛―汪兆銘―蔣介石のラインとのあいだで日本側は、満州国問題を脇に置いて（棚上げして）、満州事変以来、悪化の一途をたどった外交関係の修復を志向することになった。

「親日派」との信頼醸成

日本外交が対中関係の修復へ転換したことは、機密費の費目に反映している。停戦協定成立前後から上海の日本公使館の機密費支出で新たにめだつようになったのは、たとえば五月三〇日の「堀内干城渡　汪精衛〔兆銘〕派要人運動費」三〇〇ドル〈銀弗。以下同〉である。九月五日の「堀内干城渡　汪精衛側接燭〔触〕費」三〇〇ドルは金額も変わらない。さらに同様の支出をひろってみると、一〇月三一日「堀内干城渡　汪派要人操縦費」三〇〇ドル、一二月二八日「堀内干城渡　汪精衛側近者操縦費」三〇〇ドルがある。一回の支払いの相場は三〇〇ドルだったとわかる。あるいは事実上、月額三〇〇ドル払っていたのかもしれない。一二月二八日の有吉公使に渡した汪兆銘側への「心付」は三六一五ドルと金額が大きい場合もある。

これらの機密費が中国側に渡った経路や具体的な使途、効果は史料からたどることができない。推測できるのは、機密費によっても中国側が容易に「操縦」されることはなかっただろうということである。汪兆銘の「親日派」は命がけの対日妥協路線を推進していた。たとえば須磨のカウンターパートの「親日派」唐有壬《とうゆうじん》外交部次長は、須磨と会うごとに「『こんな脅迫状が来ましたよ』などとよく話し、また『それでも昨夜は殺されずにすみました』などと笑っていた」という。「運動費」「接触費」「操縦費」は現地の日本公館と「親日派」との信頼醸成を目的とする手段の一つに過ぎなかったと考えるべきだろう。機密費による工作の対象となったのは、汪兆銘だけではなかった。一〇月一七日の「黄郛側要人操縦費」一〇〇〇ドルという支出もある。工作の対象となったのは、明らかに汪兆銘―黄郛の中国政府内における対日妥協路線の推進勢力だった。

彼らへの接待費も機密費からの支出である。天津総領事館の例で確認する。一一月九日「支那要人招待」一三七・四ドル、一一月三〇日「有吉公使及支那側要人招待」一〇〇・四五ドルとなっている。一一月七日「支那要人招宴の際自働車運転手に対する酒銭」一〇ドルも機密費からの支出である。

有吉はおそらく二〇日払いの月額一〇〇〇ドルの諜報費を手にして、中国大陸を縦横に移動しながら、活発な外交を展開していたようである。南京に行くときには別途一七〇ドルの機密費を得ている。

山田純三郎への機密費

上海の公使館情報施設機関からの機密費を得て活動していた対中国非公式接触者のひとりに山田純三郎《やまだじゅんざぶろう》がいる。一八七六年生まれの山田は当時五〇代後半だった。南満州鉄道勤務時に三井物産に派遣される。三井物産の上海駐在員として、孫文《そんぶん》からの革命資金の調達要請に対応した。山田に対する孫文の信頼は厚かった。山田も一貫して、孫文を支援しつづける。その後、孫文は辛亥革命に成功する。革命後、山田は孫文の側近ナンバーワンとなった。孫文の死後、曲折を経ながらも、上海で新聞社の社長などを歴任して、山田は日中の仲介役としての活動をつづけていた。

停戦協定成立前後からの山田への機密費の支出状況はつぎのとおりである。五月三一日「山田純三郎渡　五月分　諜報費」三〇〇ドル、六月二九日「山田純三郎渡　六月分　諜報費」三〇〇ドル、九月一〇日「山田純三郎渡　七、八月分　補助金」六〇〇ドル。月額三〇〇ドルはすでにみた支出と同様に標準的な金額だった。

『江南正報』の社長だった山田は、上海で日本の広報活動の一翼を担っていたものと推測できる。現地における日本の広報外交に機密費が使われていたことは、あとでもう一度ふれる。

ところが『江南正報』の経営が行き詰まる。四月二六日の機密費の支出に「江南正報山田純三郎払　廃刊に伴う社員退職手当」四五〇〇ドルがある。ほかにも関連して、四月二六日には「江南正報社援助費　昭和八年一、二、三、四月分〔須磨弥吉郎扱〕」八〇〇〇円が記録されている。機密費は不首尾に終わった広報活動の後始末にも支出されたようである。

山田への機密費は中国側関係者との接待にも使われている。上海の高級料亭「月廻家」の支払い（五月三〇日）は三九・四二ドルだった。翌年一月三一日の同じく「月廻家」への支出一五六・六六ドルは、外務省、軍部、中国側関係者との接待費になっている。対中国接待、官官接待のいずれにも支出されていたことがわかる。

一九三三（昭和八）年度の機密費受払報告書を読んでいると、このようなことにまで支出されていたのかと驚くことがある。在漢口総領事館の支出二二五ドルの内訳はつぎのとおりである。「皇太子殿下御降誕に当り小学生に与えたる饅頭代」九〇ドル、「同　奉祝用提灯台代」二九ドル、「同関東煮〔おでん〕壱千本代」五〇ドル、「同日本酒壱樽代」五六ドル。機密費は皇太子の誕生日の奉祝行事にまで支出されていた。奉祝行事の費用なのだから後ろめたいところはなく、通常の公費支出でよかったはずである。それでも機密費から支出されているのであるから、機密費は事務雑費を補っていたようである。

対中国情報収集網

話を元に戻す。上海事変をきっかけとして公使館内に情報部が設置された。初代の情報部長には須磨一等書記官が就任した。須磨に対する同盟通信の松本重治の印象は肯定的である。「須磨さんは英語と中国語を操り得たうえ、無類の体力の持主であった。八方美人的な性格にも助けられて、中国人や英国人のほか、第三国人とも広い交際を続けていた。酒も煙草もたしなまぬ須磨さんには、日本料亭で外人を招待したとき、興が湧けば、勇壮な剣舞をやったり、薙刀《なぎなた》を持って舞うという隠し芸もあった」。

翌年（一九三四〈昭和九〉年）春、須磨は南京総領事に転じる。松本はショックを受ける。「後任者たちとの交友信頼関係をふたたびつくり直さなければならなかったからである」。松本にとって幸いなことに、後任は河相《かわい》（達夫《たつお》）一等書記官だった。一九一八（大正七）年外務省入省の河相は上海、済南などの中国在勤の経験があった。その後、亜細亜局などを経て、須磨の後任となる。中国事情に詳しい外交官のひとりだったといえる。

松本が須磨とのあいだで築いた信頼関係は、河相とのあいだで継承される。須磨が作った対中国情報収集網は上海から南京へと広がる。

在郷軍人会の国旗掲揚への断固たる態度――青島

日中の外交関係が修復に向かう前提条件は、停戦協定の下で万里の長城以南に日本が手を伸ばさないということだった。在中国の日本人外交官は、この前提条件を堅持して日中関係が壊れないように努めていた。

例を挙げる。青島は山東半島に位置する。第一次世界大戦前まで山東半島はドイツが領有していた。第一次世界大戦が起きると、日本は山東半島を獲得したものの、その後、中国に返還している。さらに停戦協定成立後、日中間に「不愉快なる事件も少く両国官憲の協調的気分大なる」状況だった。

ところが在留邦人のなかには、山東半島を第二の満州にすべきだと強硬論を唱える者たちがいた。対する青島の総領事館は在留邦人の「軽挙盲動を戒め」、「越軌《えつき》の行動に迄逸脱」しないように指導していた。

青島ではつぎのような事例も起きた。一九三四（昭和九）年三月一日の満州国皇帝即位式に合わせて、花谷（正）駐在武官の指示の下、現地の在郷軍人会が青島神社に日本の国旗と満州国の国旗を掲揚した。現地の中国人や中国政府を刺激するおそれがあった。総領事館は満州国の国旗を引き下ろさせた。在郷軍人会は憤慨した。しかし総領事館は「断乎たる態度を以て之に臨」んだ。

有吉公使の対中外交

停戦協定の成立によって万里の長城を境界線とする。このことの重要性は、満州国と中国本土が接する華北地方の重要性につながる。この地域を統治していたのは、黄郛行政院駐北平政務整理委員会委員長だった。黄郛を交渉相手とする外交関係の修復がはじまる。黄郛側関係者への工作費としての機密費は、相手側の内情を探るとともに、信頼醸成に役立ったに違いない。

有吉公使の対中外交は、華北の地方政権の統治者として黄郛を信頼することが基礎になっている。公使館発の「北支那状勢判断」（一九三四〈昭和九〉年三月二九日）は指摘する。「現北支政権は目下相当誠意を以て日支国交の調整に努力しあり」。

他方でこの報告書は「北支に於て現政権に代るに独立政権を以てせんとするが如きは適当なる統領無く」と華北に傀儡政権を求めがちな軍部を間接的に牽制している。

このような「状勢判断」に至った背景には三月二八日の中山《なかやま》（詳一《しょういち》）公使館一等書記官と黄郛とのあいだの意見交換があった。この日、黄郛は「漸を追うて提携に向かう」方向を示唆して慎重な姿勢だった。対する中山は「両国当局に於て提携の範を示し大衆を誘導する事時宜に適す」と述べて、積極的な姿勢をみせた。有吉外交は一方では軍部を牽制しつつ、他方では黄郛を促しながら、関係修復をめざした。

汪兆銘の二大原則

華北における外交関係の修復は中国本土全体に及ぶ。交渉相手は汪兆銘だった。ここでも機密費は、直接的にはともかく間接的には効果があったといえるだろう。信頼醸成を背

有吉明（右から2人目）と汪兆銘（3人目）（朝日新聞社提供）

景に、中国の対日妥協路線の側から提案が示される。四月一八日の有吉公使との会見において、汪兆銘は日中国交修復の二大原則を提議する。二大原則とは、第一に日中「共存共栄」原則、第二に満州問題を「将来誠意且つ和平的方法を以て解決す」るとの原則のことである。

日本側の返答は六月七日に有吉が汪兆銘に伝える。第一原則は「素より依存無く至極同感なり」。第二原則は満州国の存在事実に触れることなく「暗礁を其の儘《まま》にして……極力空気の緩和に努め協力提携」する意味ならば、異存はない。ここに汪兆銘の二大原則に基づく外交関係修復の方向が確認された。

六月二六日、日中関係はさらに一歩さきに進む。この日、有吉公使と蔣介石の会見が実現したからである。有吉は言う。最近、日本では政府も民間も日中関係の改善に「極めて熱心なる希望」を持つようになっている。対する蔣介石は、同感であり、中国側においても「同様の関心と希望」がある、と応じる。有吉はつぎのようにも言う。これからも相互理解を増進して、両国の提携の域にまで達することを希望する。蔣介石も応えて言う。自分も速やかに両国の外交関係を改善する必要があると認めている。その実現には両国ともに努力すべき共同の責任がある。汪兆銘や黄郛の対日妥協路線は、蔣介石も認める中国国民政府の対日外交の基本路線となった。日中外交関係は前年の停戦協定の成立を経て、つぎの段階に入った。

二〇〇〇円の資金提供――上海における広報外交の展開

停戦協定の成立前後から公使館の機密費の支出のなかで、めだつようになるのが広報外交関連の費目である。政府レベルでの日中外交関係の修復は、両国の国民と諸外国の理解を得る必要があった。中国をめぐる広報外交の重要性が高まっていく。上海の公使館は広報外交の担い手として、通信社の聯合の上海支局長松本重治に接近する。東京帝国大学法学部卒業後、欧米のいくつかの大学に留学し、カリフォルニア大学の客員教授就任の話が先方の予算の関係で頓挫したのを機に、松本は聯合の上海支局長となった。松本はキャリア形成の過程で国内外に多くの知識人を知己として得ていた。

当時の通信社は、「電聯時代」と呼ばれていたように、電通と聯合が覇を競っていた。激動の中国大陸からの国際情報は、ニュースの価値が高かった。

松本は上海支局長を命じられる際に、経営トップから「プレス・ユニオン」の専務理事を兼任するように依頼される。松本にとって話が違った。「プレス・ユニオンというのは、いったい何ですか」。松本は説明を受けた。説明によると、上海事変の際、激しくなった中国の反日宣伝に対抗する必要が生まれた。上海の公使館、領事館、陸海軍の広報関係者、在留日本人の有力者の官民協力による英文ニュースの配布機構として、プレス・ユニオンが設立された。

プレス・ユニオンは体制が補強されようとしていた。聯合の英文部の強化拡大によって、プレス・ユニオンの活動は「RENGO」のクレジット・ラインを用いておこなうことになった。

松本は引き受けた。聯合の上海支局長がプレス・ユニオンの専務理事を兼務することと、『聯合』の英文サービスをプレス・ユニオンの活動の主体とすることが条件だった。

一九三四（昭和九）年九月、松本は河相公使館一等書記官から二〇〇〇円の資金提供の話を持ちかけられる。「松本君、君は外国人たちと盛んに交際しておられるが、今後とも大いにやってもらいたいものです。だが、失礼なことをお尋ねしますが、『聯合』はそれだけの交際費を出しているのですか」。松本は答える。「私の安月給でなんとかやりくりしています。……『聯合』の鉄則があるので、芸者をよぶような宴会などは決してやりませんと」。すると河相は別の提案をする。「『聯合』の上海支局長にお金をあげようというのではありませんが、プレス・ユニオンを財政的に強化して、専務理事としての君の交際費に余裕をもたせるということには、賛成してくれませんか」。松本は関心を示す。「どういう金ですか?」河相によれば満鉄本社と話をつけて得た寄付金で、二〇〇〇円の一時金だという。松本は受け取ることにした。

プレス・ユニオンと松本重治への機密費

プレス・ユニオンへの資金援助は、松本の回顧録の記述によれば、満鉄本社からの二〇〇〇円だけである。ところが上海の公使館の機密費受払報告書を調べると、「プレスユニオン賛助費」の項目がある。一九三三(昭和八)年一月から三月までは毎月五〇〇ドル、四月は八〇〇ドルに増額されている。五月はさらに一三〇〇ドルになっている。六月以降、年度末の翌年三月まで、各月一八〇〇ドルが機密費から支出されている。会計年度ベースで合計すると、四月から翌年三月までで総額二万一〇〇〇円である。

松本の回顧録では言及されていないものの、実際にはプレス・ユニオンはこれだけの額の機密費によって支えられていた。付言すると、翌年度の受払報告書にはこの項目が見当たらない。賛助費はプレス・ユニオンを再スタートさせる際のいわば原資であって、この年度限りだったようである。

プレス・ユニオンへの賛助金と並んで機密費から支出されているのが「松本重治渡　上海に於ける対外宣伝のため特別連絡費」である。受払報告書にこの費目が最初に現われるのは、一九三三（昭和八）年四月五日にさかのぼる。金額は一九五・五〇ドルだった。この月を出発点として、一二月までほぼ毎月、平均して約二〇〇ドルが松本に支払われている。受払報告書で確認できる総額は約一万六〇〇〇ドルである。少なくない金額ではなかろうか。

通信社は「電聯時代」を迎えていた。他方で新聞社との競争も激化していた。どうすれば電通に勝ち、朝日新聞や毎日新聞を凌げるのか。松本は「眠られぬ幾夜を過した」。

他方で松本は、機密費を手に上海で人的なネットワークを広げる。汪兆銘を筆頭に対日妥協路線の政府要人の名前を挙げながら、松本は彼らを「勇気ある愛国者」と呼ぶ。松本の回想には彼の「知友」として、汪兆銘以下、唐有壬、高宗武《こうそうぶ》といった国民政府「親日派」の要人など中国各界の三〇人以上の名前が挙がっている。松本は彼らとのあいだで「日中関係の改善、否、少なくともこれ以上の悪化を防止する」にはどうすればよいかを考えつづけた。

松本は第三国の友人や知人にも中国に対する日本の対応を説明するように努めた。「中国友人や第三国の友人を、たんにニューズ源と見なさないで、人間と人間との交友関係にまで深めたい」。このような松本の基本姿勢は理解されたようである。そうでなければ、回顧録のなかの「中国の知友」や「上海の外国人」の章にみられる広範な人的ネットワークを築くことはできなかっただろう。

上海での人的ネットワークがあったからこそ、松本はのちに世界的なスクープをものにする。それが松本の名を世界に知らしめることになった一九三六（昭和一一）年一二月の西安事件のスクープである。この年の一二月一二日、西安で張学良による蔣介石の監禁事件が起きた。新聞各紙は松本のスクープ電文の記事を満載することになった（西安事件についてはのちにあらためてふれる）。

雑誌『上海』への資金援助

上海の日本公使館が機密費を使って資金援助していたのは、松本の聯合だけではなかった。一九三三（昭和八）年五月三〇日の日付でつぎの支払費目がある。「上海雑誌社　山田《やまだ》儀四郎《ぎしろう》渡　補助金　五月分」一〇〇ドル。ここに記されている『上海』とは一九一三年に創刊された上海の日本人居留民向けの日本語雑誌のことである。一九二八年から一九三三年までは『上海週報』に誌名を変更する。その後一九三三年五月からは半月刊の『上海』となる。このときに経営代表も山田儀四郎に替わる。

六月二八日は「六月分購読料」三〇ドルになっている。七月二六日「補助金」一〇〇ドル、同月同日「七月分購読料」三〇ドルなど、翌年三月二九日の「雑誌上海三月分補助金」五〇ドルまでつづく。

翌年度の支出は見当たらない。経営代表が替わり、半月刊になったタイミングでこの年度限りの補助だったようである。通信社と比較すれば雑誌の影響力は限定的だったにちがいない。それでも雑誌『上海』は広報外交の手段の一つだった。

この雑誌に掲載されている記事のタイトルだけでも日本政府の対中国政策の擁護が目的だったとわかる。たとえば一九三二年一〇月二〇日号は「リットン報告書と内外与論（諸外国は大体我態度を是認）」と日本に都合よく解釈する記事が掲載されている。翌年九月五日号では「欧米の対支帝国主義的侵略の史的発展（上）」と題する論稿を確認できる。列国の対中国政策を批判することで、間接的に日本を正当化する趣旨だったことは明らかだろう。

白系ロシア人対策――ハルビン総領事館

中国の中核都市の上海では日中関係の修復に向けた広報外交が展開されていた。他方で満州国に近接する地域の在外公館は、重点が異なっていた。

奉天総領事から一九三二（昭和七）年にハルビン総領事に転じた森島守人は、一九三三（昭和八）年一一月六日に本省に宛てて、一万円の機密費の至急送付を求めている。

森島によれば、とくに不足していたのは「宴会招待関係費」だった。なぜそれほど宴会接待が必要だったのか。

第一は対満州国関係である。満州国の建国後、同国のさまざまな行政機関と折衝する機会の増加にともなって、「満人関係宴会費も従来の幾層倍に増加」した。

第二は対軍部関係である。満州事変後、ハルビンに日本軍が駐屯するようになった。軍側とは密接な連絡をとる必要が生まれた。「軍側関係者は相当多人数に上るを以て多額の経費を要す」。このような状況だった。

第三は旅行視察者関係である。満州事変後、外務省関係の来訪者が増加していた。この年の一〇月は一〇名以上だった。満州国側の要人と日本側視察者との会見の機会も設けなければならなかった。

第四は領事館その他の外国人関係である。日本以外に満州国を承認している国はなかった。他方で各国領事館は満州国側と間接的に接触することを求めていた。仲介したのはハルビン総領事館である。外国領事館との「社交的事項」の費用が必要だった。

機密費は広報外交の観点からも求められた。国際都市ハルビンの「一般住民は国際問題に対し鋭敏なる感受性」を持っていた。それゆえ英字紙やロシア語紙と「常時接触を保ち之が善導に努むること肝要」だった。同様に現地の邦字紙も指導しなければならなかった。

ハルビン総領事館に固有の機密費支出もあった。それは「慈善教育宗教関係方面寄附金」である。ハルビンには約五万人の「赤貧に悩める」白系ロシア人が居住していた。白系ロシア人の存在は、日本側にとって、ソ連からの社会主義の影響力に対する防波堤だった。白系ロシア人の宗教団体や教育機関、貧民救済基金などに寄付をすれば、防波堤の補強につながる。ハルビンのアメリカ総領事は年額約三〇〇〇ドルを寄付していた。白系ロシア人対策として寄付金の増額が必要だった。

白系ロシア人のなかには進駐する日本軍兵士に抱きついてキスする者も現われた。ロシア革命に際しての日本の革命干渉戦争＝シベリア出兵さながらの光景だった。なぜ歓迎されたのか。白系ロシア人の反革命政権を支援した日本の再来だったからである（芳地隆之『ハルビン学院と満洲国』）。

別の観点からの固有の支出もあった。それは「本邦側新規事業の進出」である。満州事変をきっかけとして、ハルビンに日本企業が進出するようになった。酒精工業、精糖業、電気事業、赤十字病院もあった。「本邦側勢力の進出は結局組織の日満合弁化に帰着する」。そうであるならば、「満洲人側の不満を買うことなく円満裡に解決を要す」。それには満州国側関係者と「交歓」する経費が必要だった。

以上要するに、停戦協定成立後の機密費は、中国本土における外交関係の修復と満州国の支援を目的として支出されていた。

第Ⅶ章　戦争への分岐点

一九三四年の日中外交関係

一九三三（昭和八）年五月末の日中停戦協定の成立によって、満州事変以来の日中関係の危機は鎮静に向かう。翌年から対中国関係の打開策が模索されるようになる。すでに日本は満州国を承認していた。全面的な国交正常化は事実上、不可能だった。それでも中国側が満州国の存在を黙認することを前提とするならば、外交関係の修復は可能性があった。日中冷戦状況を戦争ではなく平和の方に近づける。この観点から日本外交は日中「経済提携」を進めようとする。日本の外交当局は、「経済提携」の進展が日中外交関係に及ぼす波及効果を重視したからである。

この日中外交関係の漸進的な改善策を具体化する目的で、日本側は蔣介石の国民政府内の欧米派を牽制しながら、「親日派」に接近する。「親日派」とのあいだで「経済提携」を進めることで、外交関係の修復を図る。一九三四（昭和九）年はこの可能性が試される年となる。

秘密結社・藍衣社

一九三四年の機密費のなかで、高額な支出としてめだつのがつぎの項目である。「袁逍

逸渡　藍衣社《らんいしや》関係機密書類入手費」七〇〇ドル（一月五日）。二月六日は一〇〇〇ドルである。二月二八日には一五〇〇ドルになっている。「袁逍逸」に公使館情報部から継続的に諜報費が渡っている。停戦協定成立前後から一九三四年三月までのあいだに、五〇ドルから二〇〇ドルの幅で、諜報費一三回、宴会費二回、新聞買収補助費三回の支出を確認できる。「袁逍逸」がどのような人物だったかを知る手がかりは乏しい。ネットで検索するとわかるように、中国語の情報によれば、「袁殊」の別名の多重スパイだったようである。

この情報の信憑性は定かではない。しかし岩井英一と接触していたと記述されていることからある程度は信用できる。「袁逍逸」が「袁殊」だとすれば、辻褄が合う。なぜなら岩井英一の回想録に「袁殊」がしばしば登場するからである。のちの日中戦争下、岩井は「袁殊」に対中国政治工作をおこなわせている。秘密結社の藍衣社に接近するのは容易ではなかったはずである。スパイでなければ無理だったに違いない。藍衣社についてはすぐあとでふれる。

さらに二月二六日の支出項目には「藍衣社小組会議々事録内密入手費（岩井書記生南京へ出張引換交付）」八〇〇ドルがある。これらに関連して前年の一〇月五日には「藍衣社関係者写真複写焼付に要したる材料代」六・四五ドルが支出されている。

上海公使館の書記生だった岩井英一は、のちに須磨弥吉郎が公使館情報部長だったときの主な成果の一つとして、「所謂《いわゆる》『藍衣社』の存在を察知、各種関連情報入手の上『藍衣社に関する調査』」を完成させたとしている。「藍衣社関係者写真複写」や「藍衣社関係機密書類」は『藍衣社に関する調査』の基礎資料だったと推測できる。岩井は上海で反蔣介石系の小型新聞の論調に注目した。そこには藍衣社という秘密組織が作られたとのうわさが載っていた。岩井は藍衣社の分析に従事する。その結果、日中外交関係の改善交渉も、軍事力のすべてを掌握しアメリカのＣＩＡのような秘密組織まで持つ蔣介石抜きでは、いくら汪兆銘《おうちようめい》とのあいだで話がまとまったとしても、蔣介石に不利とならば、藍衣社に壊されるおそれがあると考えるようになった。

藍衣社とは蔣介石を「永久領袖」に戴くファッショ組織のことを指す。組織は首都南京に分会三、直属区分会三、総会直属の支社二、総会直属の小組四二となっていた。公使館が入手したのは、この四二ある小組のなかにある一つの組織の議事録だった。メンバーは軍人がもっとも多く、各界に広がりを持っていた。藍衣社は、蔣介石に対する敵対者に暗殺などの非合法手段を用いても、排除することを辞さなかった。藍衣社は一九三三年五月に張敬堯《ちようけいぎよう》を暗殺した。張敬堯は中国軍閥の軍長などを歴任した人物である。暗殺の理由は「華北傀儡国建設の陰謀を有して、敵（日本）から七〇〇万元を受け、平津での暴動を企図し、売国の先駆となった」からだった（野口鐵郎編『結社が描く中国近現代』）。
日本公使館が藍衣社を警戒したのは当然だろう。対日妥協路線の推進勢力「親日派」が同じ目に遭っては外交関係の修復が頓挫するからである。機密費によって得られた書類は、調べた範囲では見当たらなかった。しかし一九三二年の第一次代表大会で、日本に備えて「臥薪嘗胆」、当面は「安内攘外」（対中国共産党の内戦を優先させて国内の安定を図りその後、日本と戦う）が基本方針となったとするならば、停戦協定成立後もこの路線が継続したと推測してもよさそうである。

上海の松本重治はこのような蔣介石の国民政府内の状況を歓迎した。中国側の対日妥協路線は、「蔣介石の『安内攘外』論と、それに和した汪兆銘の『一面抵抗・一面交渉』の所論であった」からである。

蔣介石（1935年。朝日新聞社提供）

それぞれが抱える内部対立

ここであらためて日中外交関係修復の基本的な構図を確認する。満州事変をめぐって外務省と軍部は対立した。東京の外務省本省と在中国日本公使館も満州事変前から対立していた。中国ナショナリズムの不平等条約改正と国権回復要求に対して、対欧米協調か日中提携か、どちらで対応するかの対立だった。このように幣原外交に批判的だった在中国の外交官であっても、既得権益と居留民の生命・財産の保護以上の軍事行動を求めてはいなかった。それにもかかわらず、満州事変は拡大する。満州国の建国と日本の満州国承認まではほとんど一直線だった。

満州事変の拡大は一九三三(昭和八)年五月末の日中停戦協定の成立によって大きな区切りがつく。陸軍は満州国を固め対ソ戦に備えるようになる。対ソ戦重視は対中関係の緊張緩和を求める。ここに外務省が主導権を回復していく。

対する蔣介石の中国国民政府(南京政府)は対日政策をめぐって二つの政治勢力が対立していた。一方は欧米諸国や国際連盟との連携によって日本との対抗を志向する「欧米派」である。他方は対日妥協路線を志向する「親日派」である。

蔣介石は「親日派」の対日妥協路線を選択する。蔣介石の対日妥協路線の選択の結果、反対勢力への弾圧は苛烈をきわめた。国民政府と共産党の「内戦停止」「一致抗日」を唱えた人物を藍衣社に暗殺させたほどだった(野口鐵郎編『結社が描く中国近現代』)。

日中はどちらも内部に対立と緊張関係を抱えていた。日本は外務省対軍部(陸軍)だった。中国は「親日派」対欧米派だった。この対立の構図において、日本の外務省と中国の「親日派」が政府間連携を強める。そうなれば日中の外交関係は修復される。別の言い方をすれば、日中の外交関係の修復は、壊れやすい政府間連携が支えていた。このバランスを崩すようなことになれば、日中関係は日本の軍部と中国の欧米派の台頭を招くリスクがあった。

天羽声明の波紋

対日妥協路線の「親日派」とのあいだで、有吉外交の日中関係修復交渉が四月一八日の有吉＝汪兆銘会見から本格化しはじめた同じ日、日本の新聞各紙は前日の天羽《あもう》（英二《えいじ》）情報部長の談話を掲載している。たとえば『東京朝日新聞』が報じた記事はつぎの一節を含んでいる。「南京政府の一部には或は黄郛氏の対日懸案解決方針に反対せんとする空気も濃厚で中には進んで米国並に聯盟各国と相提携して支那の経済的或は技術的援助を名目とする対支財政的援助の諸計画がなされつつあるが、帝国政府としては、これ等支那に対する各種計画の成否に拘らず独自の見解に基き今後の対支政策を遂行せんとする決意を有しており……」。

この談話の趣旨は以下のとおりである。日本側は北平地方の行政の責任者で「親日派」の黄郛とのあいだで関係改善を進めている。他方で中国政府内には、アメリカや国際連盟から経済・技術援助を得ることで黄郛の路線に対抗する勢力（欧米派）が存在している。日本政府はアメリカや国際連盟の対中経済・技術援助計画が成功するか否かにかかわらず、「親日派」とのあいだで外交関係の改善を進める。

天羽声明は発表後、欧米諸国を排除して中国の排他的な支配をめざす日本の「東亜モンロー主義」宣言であると誤解された。「東亜モンロー主義」とはアジア版のモンロー主義の意味である。モンロー主義とは、一八二三年一二月にアメリカのJ・モンロー大統領が議会宛の教書のなかで表明した対外政策の基本方針のことを指す。モンロー主義とは西半球に対する列強の干渉の排除をめざす考え方だった。

天羽声明は国際的な反響を巻き起こす。アメリカでは反日的な論調の新聞が連日、「東亜モンロー主義宣言」「第二の対中国二一か条要求」などと報じている。二四日には国務次官が駐米日本大使から事情を聴取する。イギリスでは一九日の下院議会で労働党議員から質問があった。二五日には駐日大使が広田外相を訪れ、中国の門戸開放・機会均等原則に対する日本側の見解を質した。広田は尊重する旨、答えた。中国では一九日に国民政府スポークスマンが非公式声明を発表した。スポークスマンはつぎのように非難している。どの国であろうと、どの地域であろうと、自国だけが国際平和の維持に責任があると主張することはできない。

天羽は外国人記者団に対して、四月二〇日に釈明の会見をおこなう。「余は先日の談話に対する海外の反響を意外として居る。先日の談話は今年一月外務大臣の議会に於ける演説の趣旨を敷衍《ふえん》したに過ぎない」。

天羽の釈明にもかかわらず、四月二五日の広田外相との会談で、イギリスのF・リンドレー駐日大使は電信文を朗読する。「英国政府は右〔天羽声明〕を黙視する能わず」。同日、今度はアメリカのJ・グルー駐日大使が広田に「言うよりも行いで示せとの趣旨」で「御説明は良く諒解せり」と答えた。英米の反応はきびしかった。釈明は受け入れられなかった。

広田弘毅（国立国会図書館蔵）

英米以上に深刻だったのは、国民政府「親日派」に与えた影響だった。四月二四日に須磨南京総領事と会見した際に、汪兆銘行政院長は国民政府の内情として、汪兆銘らの対日政策を「売国政策」と極論する政治勢力があり、自分たちは「非常に困難なる立場」に置かれていると苦しい心の内を打ち明けた。
それでも天羽の釈明には一理あった。なぜ

ならば天羽の釈明のとおり、この年一月の議会演説で広田外相がつぎのように述べているからである。「近来に至りまして支那政府は、其従来執り来りました抗日政策の非を悟りまして、日支関係打開の方針を決定して居るやの情報もあります……若し支那にして帝国の真意を諒解し、誠意を現実に示して参りましたならば、帝国と致しましても之に順応して、十分好意的態度を以て之に報ゆるに吝《やぶさか》ならざる次第であります」。広田はこの議会演説において、中国側の対日妥協路線に対応することによって、日本も外交関係の修復に乗り出す意思を示している。

広田の議会演説の内容を敷衍したに過ぎないという天羽声明の意図がどこにあったかは明らかだろう。天羽声明の意図は、対日妥協路線の「親日派」とのあいだで外交関係を修復する既定方針を確認することにあった。同時に天羽は、国際連盟や欧米諸国からの経済的な援助を得て「親日派」に対抗しようとしていた欧米派の活動を牽制する意図をもって、声明を発表した。天羽声明は意図とは異なる結果をもたらすことになった。

ダメージ・コントロール外交

天羽声明の意図は、現地で外交関係の修復に努めていた有吉公使もよく理解していた。有吉は四月二〇日に信頼する松本重治に語っている。「十七日の外務当局のいわゆる非公式声明の趣旨は何も新しい事ではなく従来から日本の執って居た方針に過ぎない、自分は今日まで機会ある毎に支那側にはその趣旨に基き注意して来て居る、いずれ帰朝の上本省に意見を述べる心算だ」。

この発言から松本は、有吉が天羽声明の「火事騒ぎの消防役を買って出る」ことになったと悟った。そこでこの発言をそのまま上海二〇日発聯合として東京に打電した。松本の打電は翌二一日の『東京朝日新聞』が「従来の方針の／再声明のみ」との見出しで、有吉の発言をそのまま掲載している。

有吉は外交関係の修復だけでなく、天羽声明にともなうダメージ・コントロール外交も展開しなければならなくなった。

四つの問題

外交関係の修復に向けて日中間には解決すべき主な問題が四つ横たわっていた。

第一は通車問題である。通車とは奉天と北平のあいだ（満州国と中国のあいだ）に相互乗り入れの列車を運行させることを指す。通車は中国側の満州国不承認主義に抵触するおそれがあるデリケートな問題だった。この問題は中国側の譲歩によって解決をみる。七月一日に運行が開始される。車内で爆弾事件が起きる。波乱の出発だった。その後は無事、運行された。

第二は通郵問題である。満州国は建国後、新切手を発行して国際郵便に用いることになった。中国側は、満州国の存在を国際的に認めることにつながる措置として反発し、中満間の郵政を停止した。中国側の強硬姿勢の背景には汪兆銘に反対する政治勢力の存在があった。この問題も一一月二三日の日中交渉において、中国側の妥協によって解決されることになった。

第三は通空問題である。日中間に国際航空路線を開設する問題に対して、中国外交部次長の唐有壬は八月一日、須磨南京総領事に「日支間の交通を頻繁ならしむることは両国友好関係の維持増進に大なる効果あること勿論」と認め、上海を陸海空の交通の中心地とする意向を伝えている。

中国との国際航空路線の開設は欧米諸国も求めていた。たとえばイギリスは、シンガポール、香港、上海間を結びつける考えだった。このことが公表されると、須磨は一一月五日、中国側に問い質した。先方は「右を否定し予ての約束通り日本との聯絡が成なざれば他国よりの申出には応せざる旨」答えた。三〇日にも須磨は、経済的な相互依存関係と地理的な近接性を持つ日中関係の改善が急務であることを力説している。交渉は継続し翌年、妥結に至る。

第四は関税改訂問題である。蔣介石の中国国民政府は、一九三〇（昭和五）年の日中関税協定の締結をもってすべての列国と関税をめぐる不平等条約改正を実現した。関税自主権を回復した中国は、つぎに日本や列国と関税改訂交渉を始める。

一九三四（昭和九）年六月八日、堀内（干城）公使館一等書記官は唐有壬外交部次長に「日本側としては国民政府排日策の現れたる差別待遇の新税率の是正」を要望している。関税率の改訂はわずかな上げ下げがその国の経済に大きな影響を与える。中国側の関税率に関する情報が必要だった。

六月三〇日、有吉公使は本省に「本表は絶対極秘とせられたし」として、極秘に入手した中国の新関税率表を報告している。有吉の報告によれば、引き下げのもの「綿布」「毛織物」「海産物」「紙」に対して、引き上げのものは「綿花」「金属及金属製品」「食料品」「化学製品」「木材」「其の他」だった。

この極秘情報は機密費によって得られた可能性がある。なぜならば公使館の機密費の支出内訳のなかに、六月四日付「堀内干城渡　支那新関税率表入手運動費（六月四日南京に派員費）」三〇〇ドルの記載があるからである。その後、八月三〇日にも「堀内干城渡　関税関係聯絡者運動費」三〇〇ドルが支出されている。

七月三日、上海では新聞各紙が新関税率実施を報じた。極秘情報と同じだった。現地の新聞のなかには「日本側に有利」と伝えているものもあった。

南京では須磨総領事が各国の外交関係者から同様の内話を得ていた。たとえばアメリカの代表者は言った。「綿花及鉄製品に於て米国の対支貿易は余程悪影響を受く可きに拘らず日本関係品は減率せられたるもの多し」。あるいはイギリスの代表者も言った。「日本は綿製品及海産物に於て年額概算二百万円を超ゆる減率を得たり」。ここに関税改訂問題も中国の譲歩によって解決をみた。

以上の四つの問題の解決に共通するのは中国側の譲歩である。蔣介石は、国民政府内に反対勢力を抱えて、中国共産党の武装革命運動に対抗しながら、残存する旧軍閥勢力を制御することに手いっぱいだった。日本に譲歩することで、正面衝突を避けなければならなかった。

天羽声明が中国側に与えたダメージを十分にはコントロールできないままに、中国側に譲歩を求めつづけたことは、不信と不安を招く。この年の末、一二月二四日、張群《ちょうぐん》湖北省政府代表は有吉に訴えている。南京政府としてはさまざまな困難を排して、日本側の言い分を聴き、できるかぎり両国関係の調整を図るべく努力している。他方で日本側の真意は測りがたく、多大な不安を感じている。現状では外交関係の改善の成果を上げることはできない。

中国側の譲歩からはじまった外交関係の修復のボールは日本側に投げられた。今度は日本側が譲歩する番だった。

広田外相の議会演説

中国側の譲歩に対する日本側の応答は、一九三五（昭和一〇）年年頭の広田外相の議会演説となって現われる。一月二二日の衆議院議会において、広田はつぎのように述べて、外交関係改善への意思を示す。「日満支」関係は改善している。なかでも日中関係の好転がもっとも大きな部分を占めている。中国側も日本側の真意を諒解されるように希望する。

広田はさらに一月二五日の議会演説で踏み込んだ発言をする。「少くとも私が今日の信念を以て申しますれば、私の在任中に戦争は断じてないと云うことを確信致して居ります」。日中関係改善への広田の意志は固かった。

現地の日本軍は広田の議会演説に反発する。「『在任中戦争なし』とは暴論／釈明を求めよとの主張起こる」。この記事によれば、広田の発言は「無責任な放言」で、これでは「積極的な防衛手段等は取る事が出来ず、支那との関係に於ても同様の結果」になり、ひいては「関東軍の存在すらも無意味」になる。日中外交関係の改善には現地軍の抑制が必要である。そう考える広田の意図は、関東軍に伝わった。

広田外相の議会演説は、全文がそのまま和英両文の通信サービスとして、上海で配布された。松本の聯合とプレス・ユニオンの英文ニュース配布が役立った。松本はこの演説を高く評価した。「広田の答弁は、外相演説に今までにない真剣味を与えたことともなった」からだった。

中国側も広田の議会演説を歓迎した。一月三〇日の有吉との会談において、蔣介石は「真摯熱心の態度」をもってつぎのように言った。「広田大臣の演説は良く中国の立場を理解せられ居るものなれば此の機会に於て右自分の考を宣言し……速に日本と妥協するを要す」。

松本の回想によれば、広田の議会演説によって「果然、蔣介石も汪兆銘も、直ちに、日中正常化への積極的行動を断行した」。現地の新聞が報じた二月二日の蔣介石の声明文は全土に知れ渡るところとなった。その声明文の冒頭は「今回広田外相が議会においてなされたわが国に対する演説に吾人は誠意を認める。わが国朝野もまた充分これを諒解している」となっている。

松本は広田演説後の上海の状況をつぎのように描写している。「私が中国の友人たちと会うたびごとに、話題は『日中正常化』への前向きの空気の問題で持切りだった」。

広田外相の議会演説の前後も機密費から「堀内干城渡　汪派要人手当（操縦費）」に類するものが支出されている。前年一二月から数えても、一月を除く翌年三月まで金額は毎月三〇〇ドルである。この支出状況から汪兆銘の「親日派」が金銭で「操縦」されていたと推測するのは当たらないだろう。対日妥協路線は一歩まちがえば、自らの政治生命を失うことに直結したからである。この「操縦費」に有用性があったとすれば、有吉外交の推進勢力と「親日派」との「以心伝心的なコミュニケーション」（松本重治の表現）の円滑化にあったと考えられる。日中外交関係の修復は「以心伝心的なコミュニケーション」によって進むことになる。

北満鉄道買収交渉

この年の三月二三日、日中外交関係修復を間接的に促進する緊張緩和の新局面が訪れる。この日、ソ連が日本を仲介国として満州国に北満鉄道を一億四〇〇〇万円で売却することになった。日本の軍部のなかには買収しなくても、日ソ有事の際に実力で奪取すればよい、ソ連は売却益で軍事力を増強させるだろう、として反対論があった。対する外務省は満州国の中心を貫く北満鉄道を満州国（＝日本）が買収することで、満州国の安定に資すると同時に、対ソ緊張緩和の観点からも買収に賛成した。

外務省の主導でソ連との交渉が始まったのは、一九三三(昭和八)年六月二六日からのことである。交渉は難航した。価格が折り合わなかったからである。当初のソ連側希望価格六億二五〇〇万円に対して、満州国側は五〇〇〇万円を提示した。一二・五倍の価格差を縮めるのは困難が予想された。六月二六日から九月二二日まで、公式・非公式の会談が開かれたものの、交渉は妥結しなかった。

満州国側の交渉当事者は大橋(忠一)外交部次長だった。困難な交渉を進める大橋を助けたのは杉原千畝である。杉原が果たした重要な役割は白石仁章『諜報の天才 杉原千畝』に詳しい。価格差のギャップを埋める役割を果たしたのが杉原である。同書によれば杉原は、白系ロシア人の諜報網を使って、北満鉄道の実態を調べ上げた。鉄道施設の老朽化による経済価値の下落を指摘したのも杉原だった。杉原の働きもあって、結局のところ一億四〇〇〇万円で折り合った。

ただし杉原の働きを過大評価するべきではないだろう。外務省は当初案の段階で価格を一億円以上一億五〇〇〇万円以下と想定していたからである。

大橋は調印式(三月二三日)の様子を日記に記している。「流石《さすが》の大問題も茲《ここ》に片付き哈爾賓にては満鉄会社に於て可然鉄道の引き継を了し何処も此処も万歳気分」。北満鉄道買収交渉の成立は、日ソ関係の緊張緩和と満州国の安定につながる。つぎは日中関係の本格的な改善だった。

広田＝王寵恵会談

日中関係の改善は、一九三五（昭和一〇）年二月二六日の広田＝王寵恵《おうちょうけい》会談によって、つぎの段階の画期を迎える。

王寵恵は当時、国際司法裁判所の判事で、中国国民政府の重要人物だった。王の訪日は満州事変以来、最初の中国要人の訪問となった。松本重治によれば、王は訪日前に蔣介石や汪兆銘、黄郛と懇談して、慎重に準備したうえで来日した。日本側も王を手厚く迎える。広田は二月二二日に外務大臣官邸で招待午餐会を開く。翌日付の『東京朝日新聞』の一面の記事によれば、この日の午餐会で「日支親善は語らずして実を結び和やかな空気」だった。この午餐会にさき立って、前日に王は岡田《おかだ》（啓介《けいすけ》）首相、林（銑十郎）陸相、大角《おおすみ》（岑生《みねお》）海相を訪問している。新聞は「日支親善ポーズ二つ」と題して、岡田首相との写真と林陸相と握手する写真を掲載している。

王は二六日の会談で日中関係改善の三原則を示す。三原則とは、第一に「日支関係は平和的方法により処理せらるべきこと」、第二に「両国は対等の交際をなすべきこと」、第三に「両国は友情を以て相交わるべきこと」だった。

広田は王の示した三原則に賛成する。第一は「政府の方針にて此の点何等疑問の余地なし」。第二に、治外法権が残存している不平等条約の撤廃に「異存ある次第には非ず」と答えている。第三に、「支那全体と日本全体とが親善関係を結ぶこと肝要にて」と同調することで、間接的に日本の軍部の中国分断志向を牽制している。

広田はこの日、広田と汪兆銘の相互訪問の意向を明らかにすることで、外交関係改善への意思を強調した。

大使館昇格

この日の会談でもっとも重要だったのは、王のつぎの発言である。「日支両国は相手方の要求に基くに非《あらず》して相互自発的に親善関係増進の措置をとるの要あり右に関し自分一個の思付なるが両国の公使館を昇格しては如何」。国際法に精通した王ならではの提案だった。公使館を大使館に昇格させるとは、相互に対等な関係の重要な国と認識していることの国際法上の表現だった。

広田は賛成して、「帝国政府は適当の時期到来せば何時にても昇格を実行する方針」であると述べている。

「適当の時期」とはこの年の五月一七日のことだった。この日、日中両国は相互に公使を大使に昇格させた。

大使館昇格の電報を受け取った須磨公使館一等書記官（兼南京総領事）は喜んだ。「お粗末ながら、一つのお土産ではある」。須磨はすぐに汪兆銘と唐有壬にこの「お土産」を持参した。「中国側が日本に尽したことからみれば、小さな土産であったにしろ、相を崩して喜んでいた」。ようやく日中親善が形をともなうようになってきた。

日中親善ムード

それにしても小さな「お土産」に過ぎた。日中外交関係の改善にはもっと大きな「お土産」が必要だった。通信社の聯合と電通は競うかのように、日中親善ムードを盛り上げていた。たとえば二月一三日の新聞は「支那が排日取締を励行するに於ては我方は積極的に経済援助を与うべく」と報じている。大きな「お土産」すなわち対中国経済援助を求めるこの日の新聞記事は、実業視察団の訪中や農業の技術援助による綿花等の生産を増加すること、バーター取引による中国の対日輸出と日本の対中輸出の拡大、上海において中国に対する二億円程度のクレジットの設定などの記事を掲載している。

上海の有吉大使はこれらの聯合や電通の矢継ぎ早の報道を憶測記事として退ける。有吉からすれば、対中経済援助は「時期尚早」なだけでなく、過大な期待を抱かせるとかえって「支那側反対派の気勢を昂《たか》め政府責任者をして親日工作の遂行上支障を感ぜしむる」おそれがあったからである。

　その後も聯合や電通の過熱報道がつづく。中国は日本に親善特使を派遣する。日本の外務省は中国の新聞記者視察団の招待を考慮中である。広田外相は近く訪中する。これらの報道は根拠のない憶測にすぎなかった。有吉はこのような過熱報道が「支那側に対し反動的に悪影響を与え居るやに存ぜらるる」と危惧した。

　有吉がおそれたのは、中国側に経済援助の空手形を振り出すことだった。経済援助への過剰な期待が裏切られ失望に変われば、抗日に転換しかねなかった。裏付けを欠くムードだけの日中親善は、百害あって一利なしだった。それればかりか「当方に於ける各種工作に支障を来す虞」もあった。

　有吉の警告はそのとおりだった。「親日派」とのあいだでの外交関係の改善を志向していた有吉にとって、これらの報道は有難迷惑でしかなかった。慎重に運ばなければならなかったことは十分に理解できる。しかし肝心の「当方に於ける各種工作」が具体化しなかった。「各種工作」として日本側が構想していた具体策は、日中共同農業開発（日本人農業技師の派遣と農耕具の輸出）、綿業の日中合作、中国のインフラ整備（道路建設と自動車化への日本の技術協力と航空事業への日本の技術協力）などだった。

しかし「各種工作」によって、蔣介石の国民政府に対する大きな「お土産」を持参する準備は、進まなかった。有吉外交はその慎重な姿勢が仇《あだ》となる。

華北分離工作

大使館昇格からほどない五月二九日、中国華北地方に条約によって駐屯が認められていた天津軍（「支那駐屯軍」）の酒井《さかい》（隆《たかし》）参謀長が現地の蔣介石の代理行政機関に対して、華北地方を中国本土から政治的に分離する意図の通告を一方的に発した。

直接のきっかけは五月初旬に天津の日本租界内で起きた「親日」新聞社二社の社長の射殺事件である。ひとりは五月二日午後一一時頃、ホテルで就寝中にピストル弾四発を撃たれて暗殺された。もうひとりは翌三日午前四時頃、自宅で就寝中にピストル弾三発を撃たれて即死した。テロの首謀者は日本の天津特務機関と中国の藍衣社の二重スパイだったようである。

通告の際の酒井の態度は「今日はこれらの相談に来たりたるにあらず、わが軍の決意を通告する」と居丈高だった。

大使館昇格前後の日中親善ムードから状況は一挙に緊迫する。重光次官はのちに当時の状況をつぎのように述べている。華北分離工作の進展によって、「せっかく好転し来たった空気を混濁せしめ、満洲問題を外交的に収拾せんとする試みは、事毎《ことごと》に破壊された」。若杉《わかすぎ》（要《かなめ》）大使館参事官が情報収集に駆け回る。六月七日の報告はもっとも機密度が高い内容だった。なぜならば報告書の冒頭につぎのように記されていたからである。「本電は各関係者等の立場にも鑑み外部は素より省内に於ても部下の不注意に依り漏洩するが如きことありては今後本官と各方面との接触上極めて機微の関係あるを以て御一覧の上は記録に止めず御焼棄を請う」。

これほどまでに機密度の高い情報が強調するのは、中国側に対する通告が酒井の独断だったことである。酒井は陸軍内で中国関連の要職の歴任をとおして、中国事情に詳しかった。それにもかかわらず、欧米列国との共同駐屯にともなう高い規律が求められる支那駐屯軍の特質をわきまえずに、陸軍中央の指示を無視して、独断専行しがちだった。

若杉によれば、酒井の通告に至る日中交渉は、関東軍と天津軍のあいだで協議・決定されたのか、それすら疑わしかった。梅津《うめづ》（美治郎《よしじろう》）天津軍司令官は、知人にそのような決裁を与えてはいないと語ったという。要するに酒井の通告は、関東軍と天津軍の最高幹部の協議を経ないで発せられたようだった。さらに若杉は軍側の意見の不一致を指摘する。そうだからこそ「各地駐在武官等は連日頻《しき》りに相互間に電報を往復し意見交換を行い居る模様」だった。

しかし状況は深刻の度を増していた。このような状況を招いたのは、酒井参謀長だった。酒井はある海軍武官に「本件を拡大せんとする意嚮《いこう》なる旨を言明」する一方で、ある記者に対して「本件は結局蔣介石下野外遊迄行かざれば収まらざるべしと放言せる位」だったからである。結局のところ六月一〇日、梅津は文書で酒井の通告を中国国民政府北平軍事委員分会委員長何応欽《かおうきん》に押しつけた（梅津・何応欽協定）。この協定は、河北省からの国民党系の機関と軍隊の撤退、行政組織における反日分子の罷免、排日禁止などを定めていた。この梅津・何応欽協定によって、河北省全域から国民政府勢力が一掃されることになった。

日本軍による華北分離に直面した蔣介石政府の「親日派」は、日本の外務省に対してSOSを発信する。六月一七日、唐有壬外交部次長は有吉大使に「遠慮なく言えば日本軍部の遣方稍《やや》酷の感ある」旨、訴えている。同時に「汪院長の両国親善の方針は従来と変化なく今回の事件に悲観せず」とも伝えている。ここに「親日派」のぎりぎりの妥協を前提として、再びボールは日本側に投げ返された。

土肥原・秦徳純協定の成立

中国側からのSOSを直接のきっかけとして、外務省本省は六月二七日に次官官邸において善後策を協議する。守島（伍郎）課長は言う。「対満政策及対支政策は同時に対軍部政策なるを以て……対支政策案は軍部の喰い付き来る様な案に非ざれば実効を挙げ難し」。解決すべき問題の要点はここにあった。

重光が答える。陸軍は対ソ戦を優先させている。それゆえ陸軍に対して、つぎの趣旨で軍部を指導する。「北支を踏み躪《にじ》って内外蒙方面に進出することは進出の基礎を危くするものなるのみならず中支那及南支那の経済的発展を考慮せずして対露作戦に出ずるは目的達成上不得策ならん……北支、中南支及満支間の問題は第二段とすること然るべし」。

華北分離工作によって中国との関係が悪化すれば、対ソ戦に差支える。そのように軍部を説得して華北分離を抑制することはできるのか。重光の対軍部アプローチは試されることもなく、同じ日、土肥原《どいはら》（賢二《けんじ》）奉天特務機関長が秦徳純《しんとくじゅん》察哈爾《チヤハル》省主席代理に中国の現地軍の撤退などを要求する。華北分離工作の拡大は、土肥原・秦徳純協定をもたらす。この協定は、日本の特務機関員が現地の宋哲元《そうてつげん》軍に監禁された事件に端を発している。日本側は宋哲元軍の察哈爾省からの撤退と謝罪、責任者の処罰、排日機関の解散などを要求した。秦徳純はこれらの要求を受け入れた。ここに土肥原・秦徳純協定が成立した。

二つの三原則

梅津・何応欽協定と土肥原・秦徳純協定の成立後、上海の日本大使館の機密費でめだつようになるのが対軍部「官官接待」費である。例示する。七月二四日「天津軍将校四名二次会招待」三四・〇一ドル、同月二六日「天津軍参謀長以下参謀及総領事館員」一四二・八九ドルはいずれも高級料亭「天津　敷島」での接待だった。八月一〇日「梅津駐屯軍司令官送別宴」一〇一・三四ドル（「太楼」）というのもある。これらの機密費の目的が対天津軍融和による華北分離工作の抑制にあったことは明らかだろう。

他方で中国側も対日妥協路線の維持に努めていた。その現われの一つが九月七日の広田との会談における蔣作賓《しょうさくひん》駐日大使からの三原則の提示だった。席上、蔣大使は二月の王寵恵の三原則にふれながら、あらためてつぎの三原則を提案した。第一「日支両国は相互に相手国の国際法上に於ける完全なる独立を尊重すること」。第二「日支両国は真正の友誼を維持すること」。第三「今後日支両国間に於ける一切の事件は平和的外交手段により解決すること」。蔣大使は汪兆銘が困難な状況に陥っていることに注意を喚起しつつ、この三原則による外交関係の修復を求めた。

一ヵ月後の一〇月七日、広田は蔣大使に広田三原則をもって応じた。広田三原則とは第一「日支間に真の親善関係を確立すること」、第二「〔満州国の〕存在を事実上黙認すること」、第三「赤化勢力の侵播」の「脅威」に日満中三国が共同で対抗すること。

この広田三原則には対中政策は対軍部政策でもあるとの観点が反映されている。中国が満州国を承認すれば、軍部は満足する。しかし中国がそのようなリスクを冒すはずはない。そこで満州国の存在の黙認によって、対中国と対軍部の折り合いをつけようとしたことがわかる。共同防共は重光のアイデアに似る。軍部の目をソ連に向けて対中関係を緩和する。共産党と対立している蔣介石の国民政府に防共を持ちかければ、乗って来るだろう。そのような意図が広田三原則の第三原則に滲み出ている。

それにしても二つの三原則のギャップは大きかった。広田三原則のうち、第二原則（満州国の存在の黙認）と第三原則（共同防共）に対して、中国側はゼロ回答だったからである。この日、広田と蔣が合意することはなかった。広田外相と蔣大使は一〇月二八日まで五回、会談をつづけた。

華北情勢の急転

そこへ一一月一日、重大事件が起きる。この日の午前九時三〇分、国民党中央執行委員会の開会に際して会場外での記念撮影後、会場に入ろうとした汪兆銘が狙撃された。汪兆銘の対日妥協路線に憤慨した抗日派のしわざだった。左頰、左腕、胸部背面の三ヵ所を撃たれたものの、汪兆銘は一命を取りとめた。しかし国民政府内における「親日派」の後退は不可避となった。一一月五日に蔣大使は帰国して状況を報告する。須磨は唐有壬から情報を得る。蔣介石をはじめとする要路者の対日不信感は強かった。とくに「東京の空気」と「北支に於ける日本関係者の意図」が違い過ぎた。

案の定、一一月二五日、土肥原奉天特務機関長は「親日派」の殷汝耕《いんじよこう》に傀儡政権を作らせる。この傀儡政権が河北省北東部（冀東《きとう》地区）における冀東防共自治委員会である。奉天特務機関が河北省北東部の非武装地帯に設置したこの地方政権は、日本側のコントロールを受けることになった。華北分離工作は新たな段階に入った。

さらに一二月一八日には冀察政務委員会が成立する。この委員会の成立によって、日本軍は河北省（冀）と察哈爾省（察）から中国軍を撤退させる。

そこへ汪兆銘狙撃事件と同等以上に重大な事件が一二月二五日に起きる。この日、唐有壬外交部次長が暗殺された。カウンターパートを失った須磨は悲嘆にくれた。「この悲報に接した時ほど悲しんだことはなかった」。唐有壬の「命がけの努力」に報いることができなかったことを悔やんだ。須磨と唐有壬の親密な関係はすでに別の章で述べたとおりである。あらためて須磨の回顧録から引用する。「彼は日華間の関係を改善するために生まれてきたような人物であった」。唐有壬を失ったことの重大な意味がわかる。

こうしてこの年（一九三五〈昭和一〇〉年）前半の日中親善ムードから転じて、戦争への分岐点が訪れた。

第Ⅷ章　戦争前夜

リース=ロス・ミッションの派遣

一九三五（昭和一〇）年の日中外交関係は、前半と後半で異なる様相を呈している。前半は一月の広田の議会演説に始まり、五月の大使館昇格に至る外務省主導の外交関係の改善である。後半は六月の梅津・何応欽協定と土肥原・秦徳純協定（第一次華北分離工作）に始まり、一一月の冀東防共自治委員会の成立（第二次華北分離工作）に至る現地軍主導の外交関係の悪化である。

このような前半から後半への転換の過程は不可避だったのではない。日中関係は別の可能性があった。その可能性にふれる前にあらかじめ確認しておくと、中国国民政府内で「親日派」の急速な衰退を招いたのは、日本側が「親日派」に経済援助のような系統だった支援に踏み切らなかったからである。

唐有壬は暗殺される前月、須磨に日本の対中政策が「余りに武弁一点張」なことを非難している。それはそうだろう。第一次から第二次の華北分離工作において、中国側は日本の現地軍に対して一方的に譲歩した。ところがその間、日本の外務省は、中国側からみれば、華北分離工作の進展を傍観していたに過ぎなかったからである。

国民政府内では欧米派が台頭し、自分たち「親日派」は立場を失った。唐有壬は汪兆銘の病床でこの経過に涙した。さらに「親日派」の没落を象徴する存在が殷汝耕だった。殷汝耕は日本の現地軍によって、冀東防共自治委員会の代表（政務長官）に祭り上げられた。蔣介石は殷汝耕の逮捕を指示した。

ここまで「親日派」を追い詰める前に、支援するチャンスはあった。チャンスはイギリスからもたらされる。二月二五日の広田外相との会談において、R・クライブ駐日英大使は日中親善関係がイギリスの極東政策の基調であると念押しして、つぎのように述べている。最近、日中関係は好転の「快報」がある。王寵恵の来日もあった。日中間で具体的な話はないのか。

具体的なことは何もないと言いながら、広田は対中国貿易の伸張には日中関係の改善が必要であると強調した。日本はつねにイギリスの立場を考慮に入れている。日中関係の改善を進める途中では、イギリスとも協議する。クライブはこのような広田の応答に熱心に耳を傾けた。クライブはよい感触を得たようだった。

当時、中国経済は危機的な状況に陥っていた。リース＝ロス・ミッションの派遣の前年（一九三四年）、中国の貿易は、基準年（一九二六年）に対して、輸出が五七・三パーセント、輸入が六九・九パーセントと大きく落ち込んでいる。

そこでイギリスはリース＝ロス・ミッションの派遣を決める。大蔵省出身の財政家

F・リース＝ロス

F・リース＝ロスを団長とするこの使節団の目的は、中国の幣制改革と国際借款の供与だった。
中国の通貨を銀本位制から管理通貨制に移行させることで、経済の安定の基礎とする。他方で日英共同借款一〇〇〇万ポンドを満州国に（実際には中国に対して満州喪失の代償として）供与することで、対中国経済援助と日英協調を両立させる。このような目的を持ってリース＝ロス・ミッションは一九三五（昭和一〇）年八月、イギリスを出発する。

ない袖はふれない財政事情

有吉は疑問を持った。外国の借款によって中国の窮状を救済できるのか。有吉は考えた。国際借款の供与よりも関係国が各自の専門的な研究を基礎として、個別に意見交換をおこなうことで、満足すべき結論に達すればよいのではないか。
本省は有吉に対してより消極的な対応を指示する。三月二二日の機密第五五号電は、財政問題に関連して、つぎのように注意を喚起している。東亜局が大蔵省理財局の意見を徴したところ、近年の貿易および貿易外収支、対満投資の状況、北満鉄道買収金の調達などの関係上、この一両年中にまとまった対外投資は「至難」とのことである。財政当局の意見を額面どおりに受け取る必要はないとはいっても、対外投資難の現実を考慮しなければならない。

ない袖はふれない。このような大蔵省の基本姿勢は、この年一月に予告されていた。一月八日、閣議において高橋《たかはし》（是清《これきよ》）蔵相が満州事件費の削減と対満投資の抑制を求めたからである。高橋にとって対満投資は対外投資と同じであり、それゆえ国際収支と為替相場に及ぼす影響を考慮すると、削減と抑制が必要だった。外務省の機密費は満州事件費のなかから支出されていた。この観点からも高橋の発言は重大な意味を持っていた。

高橋是清（1935年貴族院。朝日新聞社提供）

高橋は日本経済の救世主だった。一九二七（昭和二）年の金融恐慌のときに蔵相を引き受けた高橋は、疾風迅雷の措置で、経済危機の鎮静化に成功する。今度は世界恐慌だった。金本位制からの離脱によって円安を誘導する。円安を利して輸出が急拡大する。赤字公債の発行を財源とする積極財政によって景気を刺激する。高橋財政は「バターも大砲も」可能にするほど成功する。

しかしいつまでも膨張予算をつづけることはできなかった。高橋は財政規律を求めるようになる。中国側から借款（クレジット、政府対政府間の資金の貸借のこと）供与の要求があった場合の対応も、その背景にあったのは、このような高橋財政の転換だった。

他方で蔣介石の国民政府は、軍事的・政治的に中国を統一した後、経済的な国家建設へと向かった。経済的な国家建設のためには日本を含む他国に資金を求めなければならなかった。

対中国借款問題に関連して、四月二三日に上海の堀内書記官と南京の須磨総領事に宛てた文書も財政問題に言及している。今年（一九三五年）の国際収支は一昨年、昨年と比較して悪化が推定される。国際収支の逆調を導くような対中国クレジットの設定は「目下の処全然考慮の余地なし」。実際のところ一九三三年の貿易収支はマイナス七八〇三万一〇〇〇円、一九三四年はマイナス一億三〇八七万五〇〇〇円の赤字だった。

その後六月八日にクライブ大使は重光次官にリース＝ロス・ミッションの派遣を通報す

る。クライブは言う。「Leith-Ross は何等政治的偏見を有せざる信頼せられおる有名なる経済財政通なり」。重光は答える。「右の如き立派な Political bias なき専門家を派遣せらるることは支那の復〔複〕雑なる現状を公平に観察する上に適当なることと信ず」。重光はリース＝ロス・ミッションの派遣を受け入れる考えだった。

しかし八月一四日付の東亜局第一課が作成したリース＝ロス・ミッションに対する「応酬振要領」は違った。国際借款は中国の国際管理を誘致するおそれがある。対中援助は「根本的救済」をもたらさない。この「要領」はそう指摘している。のちに（一一月九日）外務省当局の非公式談話も、外国からの借款による経済の安定は成功しないだけでなく、中国国民の将来の負担となる、経済改革は中国が自力でおこなうべきであると強調している。

ここに示されている国際借款の供与や経済援助に対する消極的な対応の背景に、日本の国際収支と財政問題があったことは明らかだろう。すでにみたように、一九三三年と一九三四年の貿易収支は赤字だった。このような国際収支の現実に直面した日本経済は、緊縮財政へと転換する。次ページの図が示すように、一九三二年から翌年にかけて歳出が増大しているのに対して、一九三四年からは厳しく抑制されている。歳出の抑制は軍事費も例外ではなかった。一九三三年度の軍事費は対前年度比二七・一パーセント増だったのに対

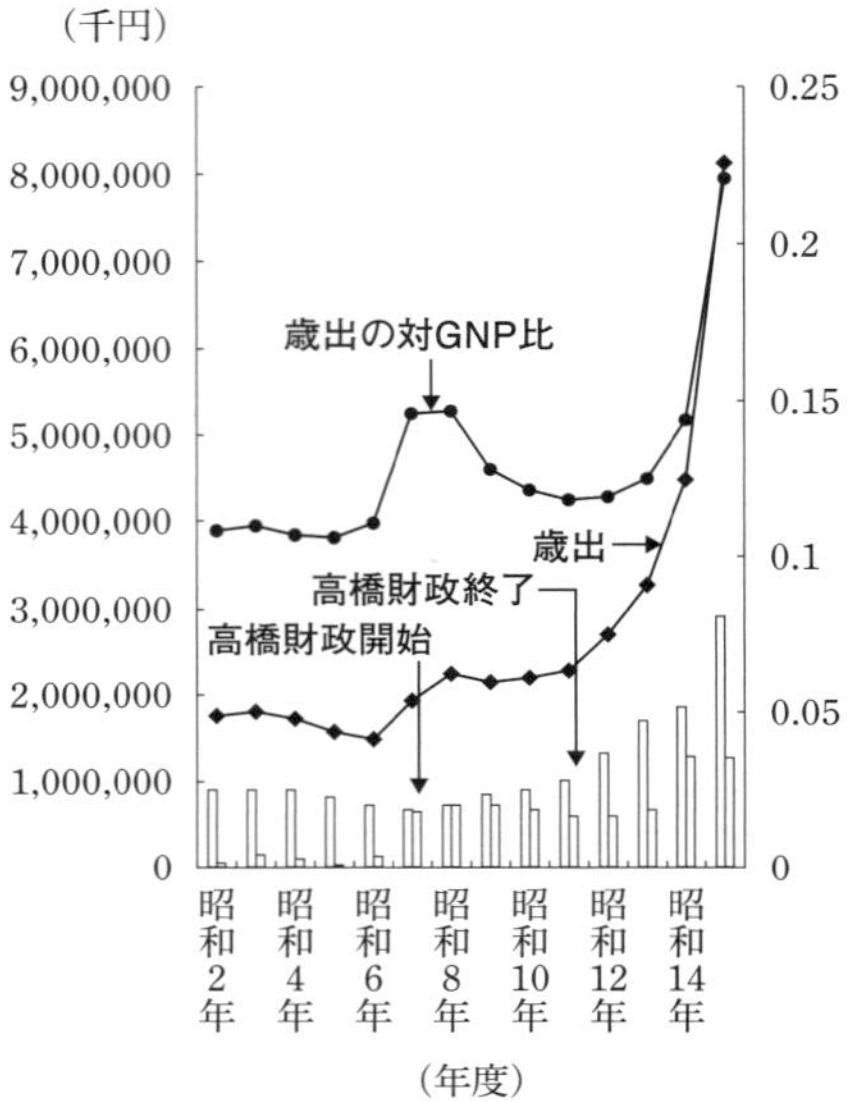

歳出の長期傾向（昭和2〈1927〉～昭和14〈1939〉年。井手英策『高橋財政の研究』5ページをもとに作成）

して、翌一九三四年度は七・九パーセント増に抑えられている。このような緊縮財政の下では、歳出の純増になる新たな国際借款や経済援助は無理だった。

九月に来日すると、リース＝ロスは一〇日に広田と会談する。広田は中国には幣制改革の見込みがない、漫然とクレジットに応じるのは考えものであると応答している。

一七日には重光との会談があった。重光は言った。日中関係に第三国が介入すると、中国は旧套《きゅうとう》に帰り、時局逆転のおそれがある。重光は疑問を呈した。中国政府に対する財政援助が政治問題に触れずに有効適切になされるかどうか。

以上のやりとりを踏まえてリース＝ロスは言った。「日本側の所説には失望せり」。日本側はリース＝ロスの日英共同借款案に反対したからだった。それでもリース＝ロスは言った。「日本と共同の精神は捨てず」。リース＝ロスの言葉が嘘でなかったことはのちにわかる。しかし大きなチャンスを逃したことはたしかだった。

中国の幣制改革

一一月四日、中国政府は予告することなく、幣制改革の実施を発表した。中国は銀本位制から離脱して管理通貨制に移行することになった。

同日すぐに有吉は孔祥熙《こうしょうき》財政部長と会談し、日本が幣制改革に反対であることを知っているのに、なぜ「抜打的」に実施を発表したのかと詰問した。さらに有吉は、中国側がイギリス側と協議のうえ実施したことを「頗《すこぶ》る遺憾」とすると抗議した。有吉は幣制改革の実施の前提として、リース＝ロスから借款の見込みを得たのではないかと疑った。孔祥熙はつぎのように述べて事情を説明した。イギリスからの借款はさまざまな困難がある。すぐに成立するものではない。しかし経済危機の急場をしのぐために、できるかぎりの方法を講じている。

この日は慌ただしかった。今度は中国に滞在中のリース＝ロスが有吉を往訪してきた。有吉は、中国側がイギリスとは協議しても日本は除外したと詰《なじ》った。リース＝ロスは釈明に努めた。「自分も其の意外に驚きたる位なり」。それでも有吉は、日本を除外する新制度の下での英中協調に苦言を呈した。対するリース＝ロスは日本側の誤解であり、日本側と十分な了解を遂げることが対中援助の前提条件であると応えた。九月の訪日の際に、日本側の対応に失望したリース＝ロスであるから、ここまで譲歩しなくてもよさそうなものである。それでもリース＝ロスは対中援助をめぐる日英協調の可能性をあきらめなかった。

他方で同日、東京では東亜局長室で中国の幣制改革をめぐる協議がおこなわれていた。会議では中国側幣制改革とイギリスの一〇〇〇万ポンドの借款とのあいだには英中間で協議があったと推測している。そうだからといって、ここでの議論は、現地での有吉の対応とは異なって、客観的で冷静さを保っている。英中借款の成立か否かにかかわらず、幣制改革によって中国の為替が安定すれば、日中貿易に悪影響が出るはずはない。中国の幣制改革の成功は日中貿易にプラスの効果がある。これが会議の結論だった。

この結論も踏まえて、外務省は九日に中国の幣制改革への対処方針を策定する。その方針によれば、幣制改革は成行きを見る、対中国国際借款には反対するとなっている。

外務省は慎重だった。対中国国際借款には反対との立場をとりながらも、イギリスが借款を供与したとは断定しなかった。対する現地上海の陸軍武官は強硬だった。外国の息のかかった幣制改革であると反対した。磯谷《いそがい》（廉介《れんすけ》）大使館付武官は参謀本部に、英中間には一〇〇〇万ポンドどころか、八〇〇〇万ポンドの借款供与で秘密裡に了解が成立したと報告している。中国通を自任する磯谷は、参謀本部から大使館付武官に転出したにもかかわらず、現地軍と一体になって華北分離工作を推進した。

磯谷からすれば、現地の日本の外交官は、孔祥熙やリース＝ロスの言うことを過信して、英中のために弁明しているかのようだった。磯谷は外務省が一〇〇〇万ポンドの借款供与の「事実」すら認めていないことを「真に愚の骨頂」と非難している。

しかし幣制改革は成功する。須磨は中国の幣制改革を支持して言う。「日本の軍部が、そんなことができるものか、と嘯《うそぶ》いていたことを裏切って、中国の通貨は建国以来初めて安定したのであった」。一二月になると幣制改革によって為替の安定、輸出増加がみられるようになった。中国経済の状況は、支那駐屯軍も「幣制改革は成功の途を辿るものと認めざるべからず」と認識するまでに好転した。

リース＝ロスの再来日

希望を棄てなかったリース＝ロスは、翌（一九三六〈昭和一一〉）年六月、再来日する。しかし状況は最初の訪日時とは異なっていた。冀東防共自治委員会と冀察政務委員会の成立をとおして、華北分離工作が進展していたからである。

リース＝ロスは華北分離工作にともなう新たな問題を解決しなければならなかった。解決すべきは冀東密貿易の問題だった。冀東防共自治委員会は中国政府の設定した正規の関税の四分の一でしかない低率の「査験料」を払えば、密輸品の陸揚げを認めた。密貿易は冀東政府が公認するところとなった。大量の日本商品が冀東地区から密輸されるようになる。密輸品は華北から中国全土に広がる。冀東密貿易は国民政府の関税収入を激減させる。冀東政府は日本品輸出の関税上の抜け穴になった。密貿易を取り締まらなくては幣制改革が妨げられる。しかし日本側は中国の内政問題として密貿易の取り締まりを退けた。

リース＝ロスは日本側の対応の成否を握っているのが軍部、なかでも磯谷であることを知っていた。リース＝ロスは松本重治を介して、上海で磯谷と会っている。それはこの年一月二七日、キャセイ・ホテルでのことだった。松本の仲介の労は報われる。リース＝ロスと磯谷とのあいだに意思疎通が生まれたからである。

しかしそこまでだった。磯谷をはじめとする日本側の態度が変わることはなかった。リース＝ロスは有田（八郎）外相に語っている。「日本の陸軍はどうあっても一遍支那を叩かなければ気が済まないような様子が見える。結局叩いた上で日英提携してもいいと言わんばかりのように自分には思えた」。リース＝ロスは落胆の気持ちとともに帰国した。

華北分離工作をめぐるプロパガンダ戦略

華北地方を中国国民政府の統治から分離する。この華北分離工作は、対ソ戦に備えて中国のコントロールを可能にする観点から、軍事的な合理性があった。しかし万里の長城より南の中国本土での軍事・政治工作は、コストが高くついた。華北分離は中国民衆の理解と支持が得られなければ、安定しないからである。

現地軍はプロパガンダ戦略を展開しようとする。一九三五(昭和一〇)年一二月九日付の関東軍の「対北支工作に伴う関東軍宣伝計画」は、華北の中国民衆の反国民党・反共産党意識の昂揚と華北分離の気運の醸成をプロパガンダの基本方針としている。

このプロパガンダの要領によれば、関東軍は華北の中国民衆に対して、つぎのような思想宣伝を考えていたことがわかる。華北地方の民衆は、これまで国民政府が「植民地視」してきたことによって、「其搾取の犠牲に供せられ」てきた。華北の民衆は「其桎梏《しっこく》より脱せんが為」には国民政府から分離して、自らの自治政権樹立を熱望している。関東軍はこのような宣伝によって華北分離工作の正当化を試みた。

関東軍は華北地方での武力行使の可能性を否定しない。ただし「我が武力行使は我に敵対する軍閥的勢力を膺懲《ようちょう》する」目的からであって、「決して支那一般民衆を対象とせざる点を明にす」と強調している。

なおこの文書にはつぎの一節がある。中国国民政府の銀国有の実施（銀の国有化による管理通貨制への移行のこと）は華北の中国民衆の「怨嗟反感」を強くした。ここに急速な自治政府の樹立運動が展開されるようになった。このような認識に現れているように、華北分離工作は、中国の幣制改革への対抗措置だった。幣制改革によって蔣介石の中国が自立・安定することは、現地軍の戦略にとって妨げとなった。

中国の民衆に対するプロパガンダの重要性は、それが至難の業であることと合わせて、陸軍中央も理解していた。陸軍省新聞班は一九三六（昭和一一）年九月三〇日に「日支問題に関する宣伝実施に関する件」を現地軍に宛てて発している。

この文書は中国に日中親善を説くことの困難さを指摘して、その原因を日中の歴史、国民政府（南京政府）の政策、中国民衆の「排日抗日意識」に求める。しかしそうだからといって、「威嚇的宣伝」によって感情を刺激したり軽蔑を招いたりしないようにと注意を喚起する。しかしあからさまな「威嚇的宣伝」は抑制して「無気味なる沈黙の威圧」を加える。このような宣伝方法で効果が上がるのか、疑わしかった。

この文書は対日本国内の宣伝方針も定めている。南京政府の内外政策は「平和確保を使命とする」日本の国策と「根本的に相容れざるものなり」。このように断定してしまえば、日中親善は不可能になる。「情況に依りては最後の手段に訴うるも亦已むを得ず」。これでは国民に開戦の覚悟を求めているのに等しかった。

実際のところ日本国内へのプロパガンダは容易でなかった。それというのも日本の新聞が現地から華北分離工作の困難さを伝えていたからである。一九三六（昭和一一）年一月三日の『朝日新聞』は尾崎秀実らのルポルタージュを掲載している。この記事は言う。「華北五省といえば、きわめて広大なる地域にわたっており、日本で簡単に想像されるようなものではない」。華北情勢は「未発達の客観的状態にあるのである」。

諜報活動と謀略の準備

プロパガンダが至難の業だったのは別の理由もあった。先立つものが乏しかった。台所事情がきびしかった。一九三五（昭和一〇）年五月二四日、上海武官は陸軍次官に宛てて、「宣伝費増額方の件」を送っている。この電報によれば、配当されている予備金は宣伝費を加えて月額一九〇〇円だった。為替比率に従うと約一三〇〇元相当になる。このなかから宴会や自動車、新聞代、雑費などで約一〇〇〇元を要する。これ以上、切り詰めることは不可能だった。

とくに宴会費は「諜報に必要の最小限度に削除」されていて、武官の体面を汚すことも忍んで節約している。それなのに諜報・宣伝に充てる経費は三〇〇元に過ぎない。大使館の諜報宣伝費は年額五万元を下らない予算のようである。月額三〇〇元では任務の遂行は不可能であり、月額一〇〇〇元の増額を求める。上海武官は以上のように窮状を訴えている。

他方で現地軍は諜報活動と謀略の準備を始めていた。一九三五（昭和一〇）年一二月二日、多田《ただ》（駿《はやお》）支那駐屯軍司令官は和知（鷹二）陸軍歩兵中佐に対して、山西省の動向を調査するように指示している。その目的の一つは華北分離による新政権に対する山西省の「好意的態度」の獲得であり、もう一つは、山西省と南京の国民政府が協力して華北新政権を圧迫することのないように、謀略の実施の準備をすることだった。

同じ日、同様の指示は、察哈爾省と蒙古地方を対象として、大本《おおもと》（四郎《しろう》）陸軍歩兵少佐に、また綏遠《すいえん》省と蒙古地方を対象として、羽山（喜郎）陸軍歩兵少佐に、それぞれ与えられている。こうして華北分離工作は進展する。

対中国政策の再検討

一九三五（昭和一〇）年初頭と一九三六（昭和一一）年初頭とでは日中関係の様相は大きく異なる。一九三五年初頭の日中親善ムードの前提となっていた中国「親日派」は、一年後には没落していた。重傷を負った汪兆銘、暗殺された唐有壬に代わって、欧米派が台頭する。蔣介石は対日妥協から抗日へと舵を切る。

蔣介石の路線転換をめぐる「須磨情報」は正確だった。一月二四日、須磨は中国人の情報提供者から極秘の内話を得る。前年の二度の華北分離工作の際に、蔣介石は共産党対策を優先させた。しかし今後は日本の出方次第で、「一戦をも辞せざる覚悟」を固めた。蔣介石の方向転換が明らかになった。須磨も蔣介石の路線転換を認めて「結局北支問題等には譲歩を為さざる決心を明らかにしたものと言うべし」と述べている。

須磨弥吉郎（国立国会図書館蔵）

須磨によれば、一九三三年の日中停戦協定以来、蔣介石は汪兆銘を利用して、対日関係の緊張緩和を図ってきた。しかし日本側の消極的な姿勢によって成果を上げることができず、汪兆銘の路線は「失望と不満」を買うようになった。そこで蔣介石自らが「決心を堅めて局に当る」ことになった。以上のように須磨は、蔣介石の抗日への転換の背景を説明している。

こうなると日本側も対中国政策を再検討しなければなら

なくなった。しかしそこへ二・二六事件が起きる。陸軍将校のクーデタ事件によって、国内危機が高まる。国内の政治的・社会的混乱のなかで、対中政策の再検討は遅れる。

遅れながらも再検討の重要なきっかけとなったのは、四月一一日の上村《かみむら》（伸一《しんいち》）東亜局第一課長と陸軍省軍事課影佐（禎昭）中佐との会談である。この日の夜、ふたりは会食をともにしながら、率直な意見交換をおこなっている。上海や南京に在勤の経験がある上村は、対中政策の実務を担う課長として、重光次官を支えていた。対する影佐も、現地で中国情報のスペシャリストとしての経験を積んだ実務に通じた軍人だった。

上村は重光次官の考えと同様に、陸軍に対ソ戦準備と対中政策の矛盾を突くことで、華北分離工作の行き過ぎの是正を求めた。影佐も昭和一六年を目標とする対ソ戦準備の完了までに、華北を日本の「背後地」にすることは「殆ど不可能」と認めた。

影佐は華北分離工作の行き過ぎの是正を示唆する。上村は「従来の如く出先丈《だ》けにて抜駆的のことをなすは国策上大損失なる旨注意を喚起」した。影佐も「全然同意」だった。

さらに影佐は現地軍を批判する。「関東軍の支那三分論は時代遅れなり、対蘇問題を控えたる今日旧態依然たる対支政策は不可なり」。影佐の陸軍中央は、「関東軍式『イデオロギー』」の持ち主ではない「一流の幕僚」を現地軍に再配置することによって、コントロールの回復をめざす。

華北分離工作の行き過ぎの是正は、八月一一日の「第二次北支処理要綱」に部分的に反映される。その趣旨は、華北分離工作を冀東と冀察の二つの「自治政府」に止め、華北における中国の主権を否認することによって満州国の延長の具現化と中国側に誤解されるような行動は「厳に之を避くる」ことにあった。

「防共」イデオロギーの強調

外務省にとって対中国政策は対軍部政策だった。二つの政策の両立をめざして、外務省は「防共」イデオロギーを強調するようになる。関係改善の直接的なルートだった「親日派」を失った外務省は、中国に対して間接的なアプローチを取る以外になくなった。「防共」イデオロギーの強調は、中国国内で共産党対策を進める蔣介石と日本との相互接近に役立つはずだった。

他方で「防共」イデオロギーは、軍部が喰いついてくることを期待できた。翌(一九三七〈昭和一二〉)年の政府文書によれば、極東におけるソ連のスパイは約三〇〇〇人、そのうち約二〇〇〇人が日本と満州国で活動していた。さらにスパイの手先として使用されている者が五万人いるという。これらの数字の真偽のほどは定かでない。しかし内務省警保局の調査によれば、ソ連は在日大使館をとおして、「我国上層部階級との諜報接触を計り」、情報部と武官が諜者に情報収集をさせていたことも事実だった。

「日支反共協定」

「防共」イデオロギーによって日中を結びつける。この観点から外務省が具体化させたのは、「日支反共協定」案だった。共産主義インターナショナル（コミンテルン）の活動について日中両国が相互に通報し、必要な措置を協議する。外務省は「日支反共協定」の機能を情報の相互提供と啓発および防遏《ぼうあつ》措置に関する意見交換に限定することで、中国側の理解を得ようとした。

対する須磨南京総領事は「日支反共協定」の実現可能性に懐疑的だった。中国側は「面子《メンツ》上も対内問題上もおい夫《そ》れと我方提案に応じ難き情況」にあったからである。須磨によれば、国民政府内で親ソ派が策動していた。「日支反共協定」は「一般的赤化防止」協定だと強弁しても、反ソ連の協定になりかねなかった。これでは中国側に受け入れる余地はなかった。さらに蔣介石はソ連に対して外交上フリーハンドを保持しようとしていた。「日支反共協定」への関与は、フリーハンドを失わせる。蔣介石が応じるのはむずかしい。須磨の見立ては以上のとおりだった。

それでも須磨は本省からの指示にもとづいて、「日支反共協定」の可能性を探る。一九三六（昭和一一）年一〇月一三日、須磨は高宗武亜州司長（アジア局長）と会談する。高宗武は九州帝国大学に留学しのちに東京帝国大学に学士入学した経歴を持つ。

高宗武の反応は否定的だった。

高宗武によれば、国民政府内は「防共其のものに絶対反対の向」が「増加」していた。蔣介石は一九三二（昭和七）年の上海停戦協定と翌年の塘沽停戦協定（日中停戦協定）の解消を前提条件として、対日政策を見直す勢いだった。

須磨は、「共産主義防止の一般的相互協定」の締結について委曲を尽くして説得する。須磨によれば、この件は日本政府が最重要視しており、中国国民政府の「反共政策」と合致していた。しかし高宗武はつぎのように答えた。政府内に連蘇論（対ソ連提携論）の台頭もあり、このような協定を考慮する余地はない。翌日、須磨は日本側も譲歩する必要がある旨、本省に意見具申している。

須磨＝高宗武から川越《かわごえ》（茂《しげる》）大使＝張群外交部長へ交渉のレベルが上がる。ふたりだけの会談が一〇月一九日と二一日に開かれる。張群の態度は固かった。一九日の会談では「依然難色を示し」た。二一日も張群は「容易に納得」しなかった。日本側からの新たな要求に屈服したように見られて、立場が困難になる。張群はそのように付言した。

日独防共協定の祝賀会（1936年、大阪。朝日新聞社提供）

日独防共協定の影響

そこへ追い打ちをかけるかのように、中国側の態度をいっそう硬化させる事態が起きる。一一月二五日、日本はドイツと防共協定を締結した。日本にとって日独防共協定は、反コミンテルンを目的に掲げるイデオロギー協定であって、具体的には情報交換程度のことをおこなうものに過ぎなかった。中国国内で共産党と対立している蔣介石の国民政府が「防共」に反対するとは考えにくい。このような趣旨の協定であれば、疎隔した日中関係を修復する目的で、日中間にも防共協定を結んでもよいはずだった。

同日、直ちに高宗武は須磨を往訪して、日独防共協定成立の情報の確認を求める。須磨は答えて言う。中国側とも話し合っている「反共産主義協定」以外のなにものでもない。高宗武は納得しなかった。日独防共協定の成立をきっかけに、中国に対する日本の「圧迫」が「強化」されるのではないか。高宗武は懸念を示した。

須磨は独自の情報網を使って、日独防共協定が中国側に及ぼした影響を探査する。須磨が中国側情報提供者の内話から得たのは、日独防共協定によって日中関係は一変したとの観測だった。日本の対独接近によって日中関係が悪化すれば、ドイツと対立するイギリス、ソ連、フランスは中国を支持するようになる。蔣介石は日本との全面的な衝突を回避する一方で、華北における衝突を覚悟している。須磨は以上のような現地情報を本省に送った。日独防共協定の締結は日中関係の悪化を招く結果に終わった。

蔣介石（右）と張学良（左）（1936年12月、西安。朝日新聞社提供）

西安事件

日独防共協定の成立から一ヵ月も経たないうちに、日本にとって状況は急速に悪化していく。一二月一二日、西安で張学良による蔣介石の監禁事件が起きる（西安事件）。張学良は蔣介石に内戦停止などを要求する。二五日、蔣介石は解放され南京に帰還した。

西安事件をスクープしたのは松本重治である。この日の夜、松本は中国人の新聞関係者と会食をしていた。そこへ松本宛に電話がかかる。南京支局からだった。電話は南京の国民政府内での異変を伝えた。ふたりは食事を中途でやめて、勤務先へと急いだ。松本は欧米派の孔祥熙財政部長の公館に電話をかける。電話に出たのは幸いにも旧知の仲の中国側関係者だった。西安事件の事実関係の確認がとれた。松本は確報として数本の電報を書き、無線室に電話で送信した。午後一一時半を過ぎた頃だった。送信後ほどなくして南京の国民政府から海外への送電禁止命令が出た。松本の電報はスクープとなった。翌朝の『朝日新聞』は、松本の電報の記事を満載した全ページ大の号外を差し込んで配布した。

これだけの世界的なスクープをものにしながら、後年の松本の回想によれば、「西安事件の歴史的意義は案外、少ないと私は思う」という。西安事件が大きな意味を持つようになったのは、それから約半年後に盧溝橋事件が起きたからである。松本はそう指摘する。西安事件によって蔣介石と張学良が抗日で一致する。そうなっても日中外交関係の調整によって緊張が緩和されれば、西安事件の重要性は薄れるはずだった。

日本の外交当局も情報収集に努める。張学良のどのような要求が受け入れられて蔣介石は解放されたのか。二八日の報告電報のなかで、川越は推測している。「結局抗日の点に於て合意成立せるものと見て先ず大誤なかるべきかと思考せらる」。そうだとすれば蔣介石の政府は「歩一歩抗日準備を固め行くものと判断するの外」なかった。

西安事件をきっかけに日本が対中国政策を転換しなければならなくなったことは、H・M・ヒューゲッセン駐華イギリス大使が翌年一月八日に上海の日本大使館に伝えている。ヒューゲッセンは率直に言った。中国の抗日を引き起こしたのは日本である。日本の政治家は猛省しなければならない。とくに華北における日本軍の行動が抗日に拍車をかけた。日本が「穏健公正なる政策」をもって中国に臨まなければ、抗日・排日が止むことはない。ヒューゲッセンの指摘を待つまでもなく、政策転換は不可避だった。

対中国政策の軌道修正

翌一九三七（昭和一二）年初頭から日本側は議会演説をとおして、対中国政策の軌道修正を発信する。中国側の受信状況は、大使館が伝える現地の新聞論調からわかる。

一月二一日、有田（八郎）外相が議会演説をおこなう。現地の新聞は、有田が日独防共協定に関して述べながら、同様の日中協定に言及しなかったことに注目する。さらに広田三原則のうちの一つ「共同防共」を立ち消えにする用意があることを暗示しているのではないか。上海の日本大使館はこのような新聞論調を報告している。

しかし中国側にとって日本側の方向転換は、政策の微修正に過ぎなかった。日高《ひだか》（信六《しんろく》郎《ろう》）参事官は五月二四日に現地の状況をつぎのように伝えている。中国は幣制改革の成功などによって経済建設を順調に進めている。自国の実力に自信を抱く中国は、日本との外交関係の打開を焦る気配がない。中国側の情報提供者のなかには、「日支間の真の親善関係は両国が一度衝突した上ならでは或は不可能なるやも知れず」と警告する者もいる。

抗日へと転換した中国に対して、日本側が思いきった譲歩策を示さなければ、外交関係の改善は困難だった。「両国が一度衝突」するのは、それから二ヵ月も経たないうちのことである。

外交関係修復の限界

この前後の年（一九三六〈昭和一一〉年と一九三七〈昭和一二〉年）の機密費の記録は、残念ながら大半が失われている。残存するのは、新京・吉林・間島・南京の四つの総領事館の一九三六年度分だけである。それらの機密費の使途を確認しても、前年度までとの違いはない。あるとすれば在新京総領事館における皇族の来訪時の費用で、七月一日付「三笠宮殿下御警衛機密金」四名分（各五〇円）と九月五日付「竹田宮殿下御警衛機密金」四名分（各五〇円）、合計四〇〇円となっている。

たとえ記録が残っていたとしても、機密費の効果は乏しかったと想像する。なぜならばたとえば諜報費を使って探索するまでもなく、蔣介石の国民政府が「抗日」に転換したことは、外交交渉や新聞論調から明らかだったからである。あるいは「親日派」が没落した以上、機密費をとおして彼らとコミュニケーションをとろうとしても、無理だったからである。広報外交の観点からも同様である。日独防共協定を広報すれば、中国側には逆効果だった。宣伝・広報すべき日中親善の具体策がなければ、どうしようもなかった。

一九三三（昭和八）年五月末の日中停戦協定成立後、蔣介石は抗日よりも共産党との対抗を優先させた。ここに「親日派」主導の対日妥協路線と日本の外務省との政府間連携による外交関係修復の可能性が生まれた。しかし「親日派」への具体的な支援を打ち出せず、関係修復の成果は上がらない。他方で現地軍による華北分離工作が進展する。国民政府内で「親日派」が没落していく。外交関係修復のカウンターパートを失った日本の外交当局は、「防共」イデオロギーの結びつきによる日中の間接的な相互接近に期待を寄せる。しかし中国側に受け入れる余地はなくなっていた。日本の外交は華北分離工作によるダメージをコントロールするのが精一杯だった。

戦争前夜の緊張感

一九三七（昭和一二）年の二月になると、欧州在勤の長い国際協調派の佐藤尚武が外相に就任する。佐藤外相の下で対中国政策の修正の気運が生まれる。佐藤は冀東密貿易の廃止を含む華北政策の見直し、とくに政治工作から経済工作へ軌道修正を図る。華北における経済工作の重要性の強調は、日中関係全般にわたる「経済提携」路線の復活を意味していた。この観点から中国に経済使節団が派遣される。帰国後、使節団は中国のきびしい対日姿勢を報告する。「欧米派の勢力強し／九分九厘迄抗日なり／国家意識は熾烈なり」。これでは「経済提携」を進めても、外交関係が修復に向かう可能性はなかった。

外交関係の修復には日本側から思い切った譲歩を示す必要があった。譲歩の具体案は孔祥熙が須磨に示している。それは満州国の主権を中国に返還し、アイルランドやカナダのような自治領とするという案だった。佐藤外交にとっても満州問題に手をふれないことはいうまでもなかった。孔祥熙の提案を受け入れる余地はなかった。佐藤外交は限界に直面した。

ここに日中外交関係修復の手がかりはすべて失われた。残ったのは現地軍の華北分離志向と中国側の抗日姿勢だった。華北地方を広くおおうようになったのは、日中の相互不信である。日中の外交関係に戦争前夜のような緊張感が漂うようになる。このような相互不信の状況のなかで、七月七日に北京郊外の盧溝橋で偶発的な軍事衝突が起きる。日中全面戦争の直接のきっかけとなった盧溝橋事件だった。

おわりに

外交機密費の特徴

以上のような満州事変から日中戦争前夜までの満州事件費＝外交機密費の特徴をまとめると、つぎのようになる。

第一に外交機密費は領収書等の証憑《しょうひょう》類をともなって、おおむね適切に支出されていた。一回の支出額も常識の範囲内だった。諜報費であっても桁違いということはなかった。機密費の費用対効果は客観的には計測できない。しかし使途の明確さは外交への信頼を高める。これらの外交機密費関連の史料が敗戦にともなって失われたとすれば、外交機密費は誤解され憶測を招き、陰謀史観を間接的に補強しかねなかった。当時の日本外交に対する歴史的な評価が可能になったのは、史料が残っていたからこそである。

それにしても往復電報と領収書では検証作業の手がかりとして不十分であり、推測を交えた記述にならざるをえなかった。領収書は史料として無機質である。領収書をして語らしめるのはむずかしい。それでも外交機密費の史料群は、陰謀を暴露するのではなく、日中外交史の全体像を一つの方向から照らし出すことに有用性がある。

第二に機密費の多様な使途は、日中関係の変動に対応していた。満州事変時は諜報費、停戦協定成立後は接待費、関係改善をめざすようになれば広報費というように、機密費の比重に移り変わりがあった。

外務省の主観的な意図として、機密費の支出は日中外交関係の修復が目的だった。蔣介石の国民政府内の「親日派」との連携に機密費を支出する。「親日派」とのあいだで日中「提携」を進める。この路線は国民政府内で「親日派」と対立していた欧米派が期待する欧米諸国と日本との外交関係に緊張関係をもたらす。「親日派」支援＝欧米派牽制の路線は、日本が欧米諸国と協調して中国ナショナリズムに対応することを困難にする。さらに「親日派」支援が遅れれば、中国ナショナリズムは「親日派」を非難するようになる。こうして客観的な結果は、一歩、戦争に近づく。

外交機密費は「親日派」との信頼醸成にある程度の効果があった。より重要だったのは「親日派」に対する具体的な支援策だった。外務省が「親日派」に支援の手を差し伸べる前に、現地軍は中国国民政府の領域を侵食する華北分離工作を進めた。対日妥協路線が限界に達した蔣介石は、不倶戴天《ふぐたいてん》の敵の中国共産党と手を結んでも抗日へと転換する。一九三七（昭和一二）年七月七日の偶発的な軍事衝突（盧溝橋事件）が全面戦争へ拡大したのは、日中の相互不信が原因だった。

第三に機密費外交は、インテリジェンス外交、接待外交、広報外交の三つの機能の相互連関のなかで展開された。

満州事変の拡大過程で、相手側の動向を探査したのがインテリジェンス外交である。諜報費による内報者は、中国人だけでなくロシア人もいた。彼らがもたらした情報は、正確とは限らなかった。陸軍機密費による諜報者の情報に不信感を抱いたのは、当の陸軍だった。少なくとも外交機密費に関するかぎり、007のジェームズ・ボンドのような役割を荷った人物は確認することができなかった。インテリジェンス外交の強化を目的として、上海の公使館内に情報部を設置した須磨弥吉郎も、手腕を発揮したのは、新聞やラジオなどの公開情報の分析だった。

機密費の多くを占めたのは接待費である。対軍部外交の観点からの「官官接待」は、外務省が軍部とのあいだでコミュニケーションを円滑にし、間接的に軍部をコントロールするのに必要だった。さらに接待外交は、満洲事変や上海事変をめぐって、自国に有利な解決をめざすことも目的の一つとしていた。

停戦協定の成立によって満州事変以来の対外危機が鎮静に向かうと、広報外交の出番だった。松本重治の通信社聯合や雑誌『上海』などに対する機密費による経済的な支援をとおして、日本外交は中国国民に日本の立場をアピールしながら、日中「親善」を演出した。第一次世界大戦後から始まった外交の民主化は、満州事変にともなう排日・排日貨運動をくりひろげる中国国民に対して、広報外交の展開を求めていた。

機密費がなければ外交はできない。そうだからといって機密費があれば相手国を意のままに操れるのでもない。重要なのは機密費の多寡ではなく、機密費をどう使うかである。

この点に関連してもう一度、例示する。本論で言及した事例として、北満鉄道買収交渉がある。北満鉄道買収交渉における杉原千畝のインテリジェンス活動の功績は、評価に値する。ソ連側の提示した法外に高い売却価格に対して、杉原が収集した客観的で詳細な情報は、価格の大幅な引き下げを余儀なくさせたからである。しかしながら妥結した金額は、交渉開始前の日本政府の見積額の範囲内に収まっていた。注目すべきは、北満鉄道買収交渉をとおして、陸軍の対ソ戦早期開戦論を否定して日ソ緊張緩和を志向した日本外交の選択だった。機密費は外交の手段であって、目的ではない。それでも日中戦争の回避に失敗したのは、日中提携路線に問題があったからである。

日中関係の歴史的な類似点

今日の日本人の対中国感情は悪化がつづいている。昨年（二〇一七〈平成二九〉年）一二月二五日に内閣府大臣官房政府広報室が発表した世論調査によれば、中国に対して「親しみを感じない」四二・〇パーセント＋「どちらかというと親しみを感じない」三六・四パーセント＝七八・四パーセントである。現在の日本と中国との関係は「良好だと思わない」三二・八パーセント＋「あまり良好だと思わない」四六・九パーセント＝七九・八パーセントになっている。

対中国関係の悪化の要因が安全保障問題、領土・国境線問題にあることは明らかだろう。今年、日本の言論ＮＰＯと中国国際出版集団が実施した「日中共同世論調査」（日本世論）によれば、「日中関係の発展を妨げるもの」の第一位は、「領土をめぐる対立（尖閣諸島〔魚釣島〕問題）」六一・一パーセントである。

他方で今年三月三〇日に外務省が公表した「外交に関する国内世論調査」によれば、「本年は日中平和友好条約締結四〇周年を迎えます。こうした中で、日中両国はいかなる分野で協力を推進すべきと考えますか」の問いに対して、「いずれも協力すべきでない」は五・〇パーセントに止まる。

以上の世論調査の結果は、安全保障問題や領土・国境線問題をめぐる外交関係の悪化にもかかわらず、何らかの協力によって日中関係の修復が求められていることを示す。当時と今の日中関係には歴史的な類似点があることを前提とすれば、満州事変期の日中関係の歴史を手がかりに、これからの日中関係を考えることができる。当時の日中関係は、満州事変によって安全保障・領土・国境線問題が危機的な状況に陥りながらも、関係修復を模索していたからである。

三つの歴史的な示唆

満州事変にともなう対外危機にかかわらず、日中外交関係の修復を模索したのは、中国国民政府の「親日派」と日本の外務省との政府間を横断する連携だった。このことが今日に示唆するのは、信頼醸成の外交ルートの再構築である。直接には二〇一二年の日本政府による尖閣諸島の国有化をきっかけとして、日中関係は急速に悪化し今日に至っている。反中国「嫌中国」感情の拡大のなかで、対中外交の柔軟性が失われる。そうだとすれば対中外交の多元化によって、信頼醸成を促進する必要がある。

正規の外交ルートのパイプを堅固なものにする。当時も今も中国政府内に存在する複数の外交路線を見極める。これまで以上の広報外交によって、等身大の日本の実像を中国国民に伝える。民間交流の拡大が信頼醸成に資することはいうまでもない。相互に他者を知ることが信頼醸成につながる。

つぎに満州事変期の日中関係の歴史が今日に示唆するのは、多国間協調のなかの日中関係の重要性である。満州事変期において戦争回避と外交修復の可能性がもっとも高くなったのは、リース＝ロス・ミッションの極東訪問のときだった。なぜならばリース＝ロスの提案は、日満中英の経済連携によって中国大陸に緊張緩和をもたらすものだったからである。

日本側がリース＝ロス・ミッションの提案に乗らなかったのは、財政上の理由が大きかった。それだけでなく外交路線の問題もあった。日中「提携」路線がリース＝ロスの日満中英の経済連携路線を妨げたからである。

今日も同様である。二国間レベルでの対中国外交は限界がある。軍拡と海洋進出をつづける大国中国に対して、日米同盟を基礎とする多国間安保のネットワークを構築する。このようなリスクをヘッジする構想の具体化が急がれる。

最後に日本化する中国についてふれる。軍事大国・経済大国の中国に対して、日本が劣位に置かれていることは自明だろう。このような非対称関係は、一九三〇年代の日中関係の反転と解釈できる。当時は日本の方が相対的に軍事大国・経済大国だった。今日の中国が民主化運動を経ながらも権威主義体制の国家になっているのは、戦前の日本がデモクラシーの時代を経ながらも非政党内閣の国になったことと類似する。

中国が戦前の日本化に向かっているのだとすれば、中国理解も進む。戦前の日本の歴史をふりかえればよいからである。別の言い方をすれば、戦前の中国の状況から今日の日本の状況を類推して考えることもできる。このような類推の仕方は、歴史の厳密な比較からではなく、歴史にヒントを得る発想の仕方である。新しい発想に基づく多角的な中国観が大国中国に対する柔軟な外交をもたらすだろう。

参考文献

はじめに

小山俊樹「満州事変期における外交機密費史料の検討――在中国日本公館の情報活動を中心に」（『情報史研究』第四号、二〇一二年五月）
小山俊樹監修・編集・解説『近代機密費史料集成Ⅰ　外交機密費編　別巻』（ゆまに書房、二〇一五年）
『毎日新聞』
松本清張『昭和史発掘　1』（文春文庫、二〇〇五年）
鹿錫俊『中国国民政府の対日政策　1931―1933』（東京大学出版会、二〇〇一年）
渡辺延志『軍事機密費』（岩波書店、二〇一八年）

Ⅰ章

石射猪太郎『外交官の一生』（中公文庫、一九八六年）
井上章一編『近代日本のセクシュアリティ　風俗からみるセクシュアリティ　◆異郷と性◆『ハルピン夜話』奥野他見男　『支那街の一夜』奥野他見男』（ゆまに書房、二〇〇七年）
井上寿一『昭和の戦争』（講談社現代新書、二〇一六年）
木戸日記研究会・日本近代史料研究会編『片倉衷氏　談話速記録（上）』（日本近代史料研究会、一九八二年）
井手英策『高橋財政の研究――昭和恐慌からの脱出と財政再建への苦闘』（有斐閣、二〇〇六年）

稲葉正夫・小林龍夫・島田俊彦・角田順編『太平洋戦争への道　開戦外交史《新装版》　別巻　資料編』（朝日新聞社、一九八八年）
外務省編纂『日本外交文書　満州事変（第一巻第一冊）』（外務省、一九七七年）
宮内庁『昭和天皇実録　第五』（東京書籍、二〇一六年）
小池聖一・森茂樹編集・解題『大橋忠一関係文書』（現代史料出版、二〇一四年）
後藤孝夫『辛亥革命から満州事変へ――大阪朝日新聞と近代日本』（みすず書房、一九八七年）
小林龍夫・島田俊彦編『現代史資料　7　満洲事変』（みすず書房、一九六四年）
小山俊樹「満州事変期における外交機密費史料の検討――在中国日本公館の情報活動を中心に」（『情報史研究』第四号、二〇一二年九月）
小山俊樹監修・編集・解説『近代機密費史料集成Ⅰ　外交機密費編　第1巻』（ゆまに書房、二〇一四年）
小山俊樹監修・編集・解説『近代機密費史料集成Ⅰ　外交機密費編　別巻』（ゆまに書房、二〇一五年）
酒井哲哉「『英米協調』と『日中提携』」（近代日本研究会編『年報・近代日本研究　11　協調政策の限界――日米関係史・1905―1960年』山川出版社、一九八九年）
幣原喜重郎『外交五十年』（中公文庫、一九八七年）
竹内桂「満洲事変における北満政策」（赤澤史朗ほか編『「軍事の論理」の史的検証　年報・日本現代史第6号　2000』現代史料出版、二〇〇〇年）
立川京一「我が国の戦前の駐在武官制度」（『防衛研究所紀要』第一七巻第一号、二〇一四年一〇月）
沈潔・趙軍・佐藤仁史監修・解説『〈戦前・戦中期アジア研究資料　写真記録1〉写真記録「満洲」生活の記憶【第1巻】』（近現代資料刊行会、二〇一七年）
沈潔・趙軍・佐藤仁史監修・解説『〈戦前・戦中期アジア研究資料　写真記録1〉写真記録「満洲」生活の記憶【別冊　解説・解題】』（近現代資料刊行会、二〇一八年）

『東京朝日新聞』（デジタル版）
秦郁彦『戦前期日本官僚制の制度・組織・人事』（東京大学出版会、一九八一年）
服部龍二『幣原喜重郎と二十世紀の日本――外交と民主化』（有斐閣、二〇〇六年）
林久治郎『満州事変と奉天総領事――林久治郎遺稿』（原書房、一九七八年）
原田熊雄述『西園寺公と政局　第二巻』（岩波書店、一九五〇年）
守島康彦編『昭和の動乱と守島伍郎の生涯』（葦書房、一九八五年）
森島守人『陰謀・暗殺・軍刀』（岩波新書、一九五〇年）
『読売新聞』（デジタル版）

Ⅱ章

今村均『今村均大将回想録　第三巻「大激戦」』（自由アジア社、一九六〇年）
井上寿一『政友会と民政党』（中公新書、二〇一二年）
岩井英一『回想の上海』（『回想の上海』出版委員会、一九八三年）
小尾俊人編『現代史資料　3　ゾルゲ事件3』（みすず書房、一九六二年）
外務省編纂『日本外交文書　満州事変（第一巻第一冊）』（外務省、一九七七年）
鹿山鶯村『明け行く満蒙の透視』（岡村書店、一九三二年）（国会図書館デジタルコレクション）
小池聖一・森茂樹編集・解題『大橋忠一関係文書』（現代史料出版、二〇一四年）
小山俊樹「満州事変期における外交機密費史料の検討――在中国日本公館の情報活動を中心に」（『情報史研究』第四号）
小山俊樹監修・編集・解説『近代機密費史料集成Ⅰ　外交機密費編　第1巻』（ゆまに書房、二〇一四年）
小山俊樹監修・編集・解説『近代機密費史料集成Ⅰ　外交機密費編　第3巻』（ゆまに書房、二〇一四年）

小山俊樹監修・編集・解説『近代機密費史料集成I　外交機密費編　別巻』（ゆまに書房、二〇一五年）
幣原喜重郎外相宛大橋忠一総領事電、機密第八五一号（一九三一年七月二七日発）、「各国共産党関係雑件／波蘭国ノ部3」（アジア歴史資料センター）
幣原喜重郎外相宛大橋忠一総領事電、機密第一一五五号（一九三一年一〇月一五日発）、「各国共産党関係雑件／中国ノ部／満洲事変第三巻1　昭和六年分割4」（アジア歴史資料センター）
白石仁章『諜報の天才　杉原千畝』（新潮選書、二〇一一年）
筒井清忠編『昭和史講義【軍人篇】』（ちくま新書、二〇一八年）
日本国際政治学会太平洋戦争原因研究部編著『太平洋戦争への道　開戦外交史《新装版》2　満州事変』（朝日新聞社、一九八七年）
松本重治『上海時代（上）』（中公新書、一九七四年）
森島守人『陰謀・暗殺・軍刀』（岩波新書、一九五〇年）

Ⅲ章

粟屋憲太郎・安達宏昭・小林元裕・岡田良之助編『東京裁判資料・田中隆吉尋問調書』（大月書店、一九九四年）
井上寿一『戦前日本の「グローバリズム」』（新潮選書、二〇一一年）
臼井勝美『満州事変』（中公新書、一九七四年）
エドガー・スノー（梶谷善久・訳）『極東戦線　エドガー・スノー著作集　第1巻』（筑摩書房、一九七三年）
外務省編纂『日本外交文書　満州事変（第二巻第一冊）』（外務省、一九七九年）
外務省編纂『日本外交文書　満州事変（第二巻第二冊）』（外務省、一九八〇年）

宮内庁『昭和天皇実録　第六』（東京書籍、二〇一六年）
後藤春美『上海をめぐる日英関係　一九二五―一九三二年――日英同盟後の協調と対抗』（東京大学出版会、二〇〇六年）
小林龍夫・島田俊彦編『現代史資料　7　満洲事変』（みすず書房、一九六四年）
小山俊樹「満州事変期における外交機密費史料の検討――在中国日本公館の情報活動を中心に」（『情報史研究』第四号、二〇一二年）
小山俊樹監修・編集・解説『近代機密費史料集成Ⅰ　外交機密費編　第1巻』（ゆまに書房、二〇一四年）
小山俊樹監修・編集・解説『近代機密費史料集成Ⅰ　外交機密費編　別巻』（ゆまに書房、二〇一五年）
重光葵『重光葵外交回想録』（毎日新聞社、一九七八年）
田中隆吉「上海事変はこうして起された」（『別冊知性　5　秘められた昭和史　12月号』河出書房、一九五六年）
デービッド・J・ルー（長谷川進一・訳）『松岡洋右とその時代』（TBSブリタニカ、一九八一年）
『東京朝日新聞』（デジタル版）
日本国際政治学会太平洋戦争原因研究部編著『太平洋戦争への道　開戦外交史《新装版》2　満州事変』（朝日新聞社、一九八七年）
秦郁彦『昭和史の軍人たち』（文春文庫、一九八七年）
松岡洋右伝記刊行会編『松岡洋右――その人と生涯』（講談社、一九七四年）
楊国光『ゾルゲ、上海ニ潜入ス――日本の大陸侵略と国際情報戦』（社会評論社、二〇〇九年）

Ⅳ章

伊藤述史『聯盟調査団と前後して』（共立社、一九三二年）

井上寿一『政友会と民政党』（中公新書、二〇一二年）
臼井勝美『満洲国と国際連盟』（吉川弘文館、一九九五年）
NHK取材班編著『NHKスペシャル　日本人はなぜ戦争へと向かったのか（下）』（NHK出版、二〇一一年）
外務省編纂『日本外交文書　満州事変（第二巻第一冊）』（外務省、一九七九年）
外務省編纂『日本外交文書　満州事変（第二巻第二冊）』（外務省、一九八〇年）
外務省訳『リットン報告書全文』（朝日新聞社、一九三二年）（国会図書館デジタルコレクション）
宮内庁『昭和天皇実録　第六』（東京書籍、二〇一六年）
小山俊樹「満州事変期における外交機密費史料の検討――在中国日本公館の情報活動を中心に」（『情報史研究』第四号、二〇一二年）
小山俊樹監修・編集・解説『近代機密費史料集成I　外交機密費編　第2巻』（ゆまに書房、二〇一四年）
小山俊樹監修・編集・解説『近代機密費史料集成I　外交機密費編　別巻』（ゆまに書房、二〇一五年）
佐藤尚武『回顧八十年』（時事通信社、一九六三年）
篠原初枝『国際連盟』（中公新書、二〇一〇年）
『東京朝日新聞』（デジタル版）
『東京日日新聞』（デジタル版）
ハインリッヒ・シュネー（金森誠也・訳）『「満州国」見聞記』（講談社学術文庫、二〇〇二年）
原田熊雄述『西園寺公と政局　第二巻』（岩波書店、一九五〇年）
細谷千博編『日米関係通史』（東京大学出版会、一九九五年）
松岡洋右伝記刊行会編『松岡洋右――その人と生涯』（講談社、一九七四年）
山川端夫『日支時局と国際聯盟』（国際聯盟協会、一九三二年）

Ⅴ章

阿部博行『石原莞爾〔上〕』(法政大学出版会、二〇〇五年)
石射猪太郎『外交官の一生』(中公文庫、一九八六年)
伊藤隆・佐々木隆・季武嘉也・照沼康孝編『真崎甚三郎日記　昭和七・八・九年一月〜昭和十年二月』(山川出版社、一九八一年)
臼井勝美『満洲国と国際連盟』(吉川弘文館、一九九五年)
江夏由樹・中見立夫・西村成雄・山本有造編『近代中国東北地域史研究の新視角』(山川出版社、二〇〇五年)
NHK〝ドキュメント昭和〟取材班編『ドキュメント昭和　7　皇帝の密約』(角川書店、一九八七年)
外務省編纂『日本外交文書　満州事変(第二巻第一冊)』(外務省、一九七九年)
宮内庁『昭和天皇実録　第六』(東京書籍、二〇一六年)
小池聖一・森茂樹編集・解題『大橋忠一関係文書』(現代史料出版、二〇一四年)
小林龍夫・島田俊彦編『現代史資料　7　満洲事変』(みすず書房、一九六四年)
小山俊樹「満州事変期における外交機密費史料の検討――在中国日本公館の情報活動を中心に」(『情報史研究』第四号、二〇一二年)
小山俊樹監修・編集・解説『近代機密費史料集成Ⅰ　外交機密費編　第1巻』(ゆまに書房、二〇一四年)
小山俊樹監修・編集・解説『近代機密費史料集成Ⅰ　外交機密費編　第2巻』(ゆまに書房、二〇一四年)
白石仁章『諜報の天才　杉原千畝』(新潮選書、二〇一一年)
日本国際政治学会太平洋戦争原因研究部編著『太平洋戦争への道　開戦外交史《新装版》2　満州事変』(朝日新聞社、一九八七年)

日本国際政治学会太平洋戦争原因研究部編著『太平洋戦争への道　開戦外交史《新装版》3　日中戦争〈上〉』（朝日新聞社、一九八七年）
満洲帝国政府編『満洲建国十年史』（原書房、一九六九年）
山本武利『陸軍中野学校――「秘密工作員」養成機関の実像』（筑摩選書、二〇一七年）

Ⅵ章

井上寿一『危機のなかの協調外交――日中戦争に至る対外政策の形成と展開』（山川出版社、一九九四年）
外務省編纂『日本外交文書　満州事変（第三巻）』（外務省、一九八一年）
外務省編纂『日本外交文書　昭和期Ⅱ第一部第二巻（昭和八年対中国関係）』（外務省、一九九八年）
外務省編纂『日本外交文書　昭和期Ⅱ第一部第三巻（昭和九年対中国関係）』（外務省、二〇〇〇年）
小山俊樹「満州事変期における外交機密費史料の検討――在中国日本公館の情報活動を中心に」（『情報史研究』第四号、二〇一二年）
小山俊樹監修・編集・解説『近代機密費史料集成Ⅰ　外交機密費編　第3巻』（ゆまに書房、二〇一四年）
『上海』目録（デジタル資料）神戸大学附属図書館
須磨弥吉郎『外交秘録』（商工財務研究会、一九五六年）
竹内夏積編著『松岡全権大演説集』（大日本雄弁会講談社、一九三三年）
佃隆一郎「山田純三郎と『中国新軍閥混戦』――孫文死後数年間の山田の軌跡」（『オープン・リサーチ・センター年報』二〇〇九年）
松本重治『上海時代（上）』（中公新書、一九七四年）
松本重治『上海時代（中）』（中公新書、一九七四年）
芳地隆之『ハルビン学院と満洲国』（新潮選書、一九九九年）

鹿錫俊『中国国民政府の対日政策　１９３１―１９３３』（東京大学出版会、二〇〇一年）

Ⅶ章

天羽英二日記・資料集刊行会編『天羽英二　日記・資料集第2巻〈資料篇〉』（天羽英二日記・資料集刊行会、一九八九年）
井上寿一『危機のなかの協調外交――日中戦争に至る対外政策の形成と展開』（山川出版社、一九九四年）
岩井英一『回想の上海』（「回想の上海」出版委員会、一九八三年）
外務省編纂『日本外交文書　昭和期Ⅱ第一部第三巻（昭和九年対中国関係）』（外務省、二〇〇〇年）
外務省編纂『日本外交文書　昭和期Ⅱ第一部第四巻上（昭和十年対中国関係）』（外務省、二〇〇六年）
小池聖一・森茂樹編集・解題『大橋忠一関係文書』（現代史料出版、二〇一四年）
小山俊樹「満州事変期における外交機密費史料の検討――在中国日本公館の情報活動を中心に」（『情報史研究』第四号、二〇一二年）
小山俊樹監修・編集・解説『近代機密費史料集成Ⅰ　外交機密費編　第3巻』（ゆまに書房、二〇一四年）
小山俊樹監修・編集・解説『近代機密費史料集成Ⅰ　外交機密費編　第5巻』（ゆまに書房、二〇一四年）
重光葵『昭和の動乱（上）』（中央公論社、一九五二年）
白石仁章『諜報の天才　杉原千畝』（新潮選書、二〇一一年）
須磨弥吉郎『外交秘録』（商工財務研究会、一九五六年）
『帝国議会衆議院議事速記録64』（東京大学出版会、一九八四年）
『東京朝日新聞』（デジタル版）
日本国際政治学会太平洋戦争原因研究部編著『太平洋戦争への道　開戦外交史《新装版》3　日中戦争〈上〉』（朝日新聞社、一九八七年）

野口鐵郎編『結社の世界史　2　結社が描く中国近現代』（山川出版社、二〇〇五年）
松本重治『上海時代（上）』（中公新書、一九七四年）

Ⅷ章

粟屋憲太郎・茶谷誠一編集・解説『日中戦争　対中国情報戦資料　第1巻　昭和12年以前』（現代史料出版、二〇〇〇年）
井手英策『高橋財政の研究――昭和恐慌からの脱出と財政再建への苦闘』（有斐閣、二〇〇六年）
井上寿一『危機のなかの協調外交――日中戦争に至る対外政策の形成と展開』（山川出版社、一九九四年）
外務省編纂『日本外交年表竝主要文書（下）』（原書房、一九六六年）
外務省編纂『日本外交文書　昭和期Ⅱ第一部第四巻上（昭和十年対中国関係）』（外務省、二〇〇六年）
外務省編纂『日本外交文書　昭和期Ⅱ第一部第四巻下（昭和十年対中国関係）』（外務省、二〇〇六年）
外務省編纂『日本外交文書　昭和期Ⅱ第一部第五巻上（昭和十一―十二年七月対中国関係）』（外務省、二〇〇八年）
外務省編纂『日本外交文書　昭和期Ⅱ第一部第五巻下（昭和十一―十二年七月対中国関係）』（外務省、二〇〇八年）
公益財団法人矢野恒太記念会編集『数字でみる日本の100年《改訂第6版》』（公益財団法人矢野恒太記念会、二〇一三年）
小山俊樹監修・編集・解説『近代機密費史料集成Ⅰ　外交機密費編　第6巻』（ゆまに書房、二〇一五年）
須磨弥吉郎『外交秘録』（商工財務研究会、一九五六年）
『東京朝日新聞』（デジタル版）
東京大学社会科学研究所「ファシズムと民主主義」研究会編『戦時日本経済〔ファシズム期の国家と社会

2」』（東京大学出版会、一九七九年）
戸部良一『日本陸軍と中国――「支那通」にみる夢と蹉跌』（ちくま学芸文庫、二〇一六年）
内務省警保局編『外事警察概況　1　昭和10年』（龍渓書舎、一九八〇年）
野沢豊編『中国の幣制改革と国際関係』（東京大学出版会、一九八一年）
原田熊雄述『西園寺公と政局　第五巻』（岩波書店、一九五一年）
松本重治『上海時代（中）』（中公新書、一九七四年）
松本重治『上海時代（下）』（中公新書、一九七五年）
松本重治『昭和史への一証言』（毎日新聞社、一九八六年）

おわりに

外務省「平成29年度　外交に関する国内世論調査」（二〇一八年三月三〇日）
言論ＮＰＯ「第14回日中共同世論調査（二〇一八年）」（二〇一八年一〇月九日）
内閣府大臣官房政府広報室「世論調査」（二〇一七年一二月二五日）

あとがき

本書は『戦争調査会』（講談社現代新書、二〇一七年）の姉妹編に当たる。共通するのは歴史の検証である。異なるのは検証の対象時期である。前著の主要な対象時期は、満州事変までと日中戦争から日米戦争に至る時期だった。戦争調査会の議論がそうだったからである。対する本書はその隙間を埋める。満州事変の勃発から日中戦争前夜の時期を扱う。この時期の外交機密費の史料が残っていたからである。両著を合わせれば、第一次世界大戦後の「平和とデモクラシー」から「戦争とファシズム」に至る日本近代史の見取り図を得ることができる。

前著と比較して本書は固有のむずかしさがあった。むずかしさは史料の特質に由来する。前著の戦争調査会の史料では多士済々の面々が絢爛豪華な議論を展開していた。対する本書の史料は無機質な領収書である。領収書をもって歴史を語らせるのは難事だった。

それでも焼却処分にされたはずの史料を読む時間は、歴史研究に末端で携わる者にとって、知的刺激に満ちていた。別巻の解説に導かれながら、全六巻の史料集を読み進めた。

読んでいる途中で書いてみたくなった。全巻を読み終わる前に企画書を作った。提出先は講談社の所澤淳氏である。所澤氏にはすでに七冊の編集のお世話になっている。二つ返事で引き受けてくれると期待した。ところが今度ばかりは違った。題材は新鮮だったはずである。何しろ失われたはずの史料が残っていたのだから。それも秘密のベールに包まれた外交機密費の史料である。

ふりかえってみれば、所澤氏はあらかじめ難事を予想されていたと思う。外交機密費の領収書だといっても、領収書は領収書にすぎない。領収書から歴史を再現できるのか。実際に書きはじめると、所澤氏の予想は的中した。サンプルのつもりで第Ⅰ章の草稿を送ってみた。返ってきた十数ヵ所のコメント付の草稿は、全面的な書き直し以外に方法がないことを示唆していた。

今さらあとへは引けない気持ちだった。第Ⅰ章の草稿を反故にして、第Ⅱ章に取り組んだ。書いているうちに主題が浮かび上がった。〈なぜ日中戦争は避けられなかったのか?〉外交機密費の史料はこの問題を考える際の重要な手がかりになった。そうこうしているうちに企画案にOKが出た。出版が決まった。一一月刊行をめざして、毎年恒例の八月末からのフランス出張に出発する前までに、完成原稿を送信することができた。

ここであらためて所澤淳氏に感謝の気持ちを表したい。編集を手がけてくださった八冊目が難航しながらも難破しなかったのは、所澤氏の助言に負うところが大きい。助言の要点は、読者の視線を意識しながら書くように、ということだったと理解している。執筆の泥沼で足掻《あが》く著者に向かって、何度となく救命ロープを投げてくださったことにお礼を申し上げる。

昨年は公文書管理の問題が政治問題化するなかで、『戦争調査会』を書いた。今年は文部科学省の接待汚職事件が起きるなかで、本書を書いた。時の経過は進歩を約束しない。今よりも敗戦直後の戦争調査会や戦前の外務省の方が歴史の検証に堪える記録保存に積極的だったのではないか。そう言いたくなるほどである。

昨年から今年にかけての戦争調査会と外交機密費の一次史料を読み解く作業は、つぎに書く一冊の方向に大きな影響を与えることになった。これからは事実を再発掘するタイプの著作に取り組む予定である。

井上寿一

二〇一八年一〇月

N.D.C. 210.7　270p　18cm
ISBN978-4-06-513851-9

講談社現代新書　2501

機密費外交《きみつひがいこう》　なぜ日中戦争《にっちゅうせんそう》は避《さ》けられなかったのか

二〇一八年一一月二〇日第一刷発行　二〇一九年四月一八日第三刷発行

著者　井上寿一《いのうえとしかず》　

発行者　渡瀬昌彦

発行所　株式会社講談社
東京都文京区音羽二丁目一二―二一　郵便番号一一二―八〇〇一
電話　〇三―五三九五―三五二一　編集（現代新書）
　　　〇三―五三九五―四四一五　販売
　　　〇三―五三九五―三六一五　業務

装幀者　中島英樹

印刷所　株式会社新藤慶昌堂

製本所　株式会社国宝社

定価はカバーに表示してあります　Printed in Japan

「講談社現代新書」の刊行にあたって

教養は万人が身をもって養い創造すべきものであって、一部の専門家の占有物として、ただ一方的に人々の手もとに配布され伝達されうるものではありません。

しかし、不幸にしてわが国の現状では、教養の重要な養いとなるべき書物は、ほとんど講壇からの天下りや単なる解説に終始し、知識技術を真剣に希求する青少年・学生・一般民衆の根本的な疑問や興味は、けっして十分に答えられ、解きほぐされ、手引きされることがありません。万人の内奥から発した真正の教養への芽ばえが、こうして放置され、むなしく滅びさる運命にゆだねられているのです。

このことは、中・高校だけで教育をおわる人々の成長をはばんでいるだけでなく、大学に進んだり、インテリと目されたりする人々の精神力の健康さえもむしばみ、わが国の文化の実質をまことに脆弱なものにしています。単なる博識以上の根強い思索力・判断力、および確かな技術にささえられた教養を必要とする日本の将来にとって、これは真剣に憂慮されなければならない事態であるといわなければなりません。

わたしたちの「講談社現代新書」は、この事態の克服を意図して計画されたものです。これによってわたしたちは、講壇からの天下りでもなく、単なる解説書でもない、もっぱら万人の魂に生ずる初発的かつ根本的な問題をとらえ、掘り起こし、手引きし、しかも最新の知識への展望を万人に確立させる書物を、新しく世の中に送り出したいと念願しています。

わたしたちは、創業以来民衆を対象とする啓蒙の仕事に専心してきた講談社にとって、これこそもっともふさわしい課題であり、伝統ある出版社としての義務でもあると考えているのです。

一九六四年四月　野間省一